Alfred Fresin

Wie kommt der Kapitalismus an sein Ende?

Kritik an Vorstellungen zum Abgang dieser Ökonomie

PETER LANG

Bibliografische Information der Deutschen Nationalbibliothek
Die Deutsche Nationalbibliothek verzeichnet diese Publikation
in der Deutschen Nationalbibliografie; detaillierte bibliografische
Daten sind im Internet über http://dnb.d-nb.de abrufbar.

Cover Design: © Olaf Gloeckler, Atelier Platen, Friedberg

ISBN 978-3-631-78490-7 (Print) · E-ISBN 978-3-631-78563-8 (E-PDF)
E-ISBN 978-3-631-78564-5 (EPUB) · E-ISBN 978-3-631-78565-2 (MOBI)
DOI 10.3726/b15458

© Peter Lang GmbH
Internationaler Verlag der Wissenschaften
Berlin 2019
Alle Rechte vorbehalten.

Peter Lang – Berlin · Bern · Bruxelles · New York ·
Oxford · Warszawa · Wien

Diese Publikation wurde begutachtet.

www.peterlang.com

Wie kommt der Kapitalismus an sein Ende?

Inhalt

1. Einführender Leitfaden

Im vor einigen Jahren erschienenen Buch „Die bedürfnisorientierte Versorgungswirtschaft – eine Alternative zur Marktwirtschaft" habe ich ein auf einer Kritik des Kapitalismus basierendes Modell einer nichtkapitalistischen, menschenfreundlichen Ökonomie entworfen. (1) Obwohl darin auch kurz der Übergang vom Kapitalismus zur nichtkapitalistischen Ökonomie zur Sprache kam, wurde der Frage, wie der Kapitalismus an sein Ende kommt, wenig Platz eingeräumt.

Das soll nun mit den Ausführungen in dieser Abhandlung nachgeholt werden – und zwar in kritischer Auseinandersetzung mit Vorstellungen von Kapitalismuskritikern und tatsächlichen Versuchen, den Kapitalismus zu überwinden.

Um zu klären, ob sich die kapitalistische Ökonomie durch die Modifikationen, die sie in den letzten 150 Jahren erfahren hat, in ihrem Wesen verändert hat, wird der Abhandlung eine kurze Zusammenfassung dessen, was den Kapitalismus ausmacht, vorangestellt. Diese dient auch als Grundlage für die Überlegung, ob bereits mit der Veränderung bzw. Beseitigung von einigen Eigenschaften des Kapitalismus eine vernünftige, menschenfreundliche Ökonomie verwirklicht werden kann oder ob dafür die Eliminierung aller Merkmale in Erwägung gezogen werden sollte.

Leute, die sich mit dem Ende des Kapitalismus auseinandersetzen, verweisen oft auf die Entwicklungstendenz der Geschichte als Referenz für sein vorgeblich gar nicht so fernes Ableben. Dabei berufen sie sich auf Hegel, Marx und Engels. Letztere sahen einen roten Faden beim Voranschreiten der geschichtlichen Entwicklung von Ökonomie und politischer Herrschaft. Unterliefen ihnen dabei wissenschaftliche Fehler?

Dass der Kapitalismus notwendigerweise seinem Untergang zustrebe und über kurz oder lang an seinen eigenen Widersprüchen zugrunde gehe, wird bis heute in verschiedensten Varianten propagiert – vor allem dann, wenn diese Ökonomie von Krisen heimgesucht wird. Wie werden die Widersprüche und Probleme des Kapitalismus im Hinblick auf seinen vermeintlich drohenden Untergang besprochen und wie wird damit realiter umgegangen? Die Argumente einiger prominenter Vertreter dieser Anschauung, von Lenin bis Harvey, sollen auf ihre Stichhaltigkeit geprüft werden.

Schließlich stellte sich bei Beobachtern der Entwicklung des Kapitalismus, u. a. bei Rifkin und Mason, in letzterer Zeit auch die Hoffnung ein, seine

Grundlagen würden bei einem weiteren Fortschreiten der technologischen Entwicklung ins Wanken geraten. Ist diese Hoffnung berechtigt?

Es existieren auch etliche Vorstellungen, wie der Kapitalismus so umgestaltet werden könnte, dass der Übergang zu einer anderen Ökonomie gelingt. Einige, die eine gewisse Aufmerksamkeit in der Öffentlichkeit erlangten, werden in diesem Buch beleuchtet: die Diskussion um ein „bedingungsloses Grundeinkommen", die als Projekt bestehende „Gemeinwohlökonomie", die ständige Forderung nach „mehr Demokratie", speziell in der Wirtschaft, propagiert u. a. auch von der Partei „DIE LINKE". Die „Degrowth-Bewegung" wiederum erkennt im „Gesundschrumpfen" der wachstumsorientierten Wirtschaft eine Überwindung des Kapitalismus. Gehen diese Vorstellungen über eine Reform des Kapitalismus hinaus oder wollen sie nur dessen „gute Seiten" vor den „schlechten" retten? Sind sie tauglich, eine Transformation einzuleiten?

Es gab und gibt Versuche innerhalb des Kapitalismus, sich der Logik dieser Ökonomie zu entziehen bzw. sich ihr nicht umstandslos unterzuordnen. Was war und ist der Ausgangspunkt dieser Versuche, welchen Anspruch haben sie und wie gelang und gelingt es, sich damit im kapitalistischen Umfeld zu behaupten?

Als Grundlage vieler Initiativen diente oft die Kooperationsform der Genossenschaft – es lohnt, sich diese näher anzusehen und einige genossenschaftlich orientierte Kooperativen, die als Beispiele für gesellschaftspolitische Alternativen angesehen werden, zu besprechen. Vorgestellt werden die Mondragón Corporación Cooperativa (Spanien) und die Central Cooperativa de Servicios Sociales del Estado Lara (Venezuela) und auch die Kibbuzbewegung in Israel wird analysiert.

In diesen Abschnitt fallen auch Erläuterungen zur „solidarischen Ökonomie" in Brasilien und in Europa. Nicht unbeachtet soll auch der Begriff der „Commons" bleiben, der in Diskussionen über ökonomische Alternativen im letzten Jahrzehnt, u. a. in Verweisen auf die Open-Source-Initiativen, eine bedeutende Rolle einnimmt.

Bespricht man Versuche, eine nichtkapitalistische Ökonomie zu etablieren, so kommt man nicht umhin, sich auch mit den Staatsprojekten des „realen Sozialismus" und dem „dritten Weg" der Volksrepublik China auseinanderzusetzen – dies geschah bereits ausführlich im Buch „Die bedürfnisorientierte Versorgungswirtschaft". In der vorliegenden Abhandlung wird nun nochmals die Ökonomie des „realen Sozialismus" hinsichtlich ihres Anspruchs, den Kapitalismus aufzuheben, beleuchtet. Was fanden die realsozialistischen Parteiführer und Ökonomen schlecht und was gut am Kapitalismus? War es ihnen ein Anliegen, alle Merkmale des Kapitalismus zu beseitigen? Schließlich wird es auch darum gehen, festzuhalten, welche Lehren aus diesem letztlich gescheiterten Projekt gezogen werden können. Bei Chinas „drittem Weg" stellten sich ähnliche Probleme ein wie im „realen Sozialismus", und die chinesische Staatsführung gelangte nach Maos Abgang zum Entschluss, ihre besondere Ausprägung des Sozialismus durch einen Kapitalismus unter strikter staatlicher Kontrolle zu ersetzen. Wie wird diese „sozialistische Marktwirtschaft" in der chinesischen Staatsdoktrin gesehen und was ist davon zu halten? Schließlich wird in diesem Zusammenhang auch die „sozialistischen Marktwirtschaft" als Modell einer Übergangswirtschaft erläutert und kritisiert.

Nach dem Resümee der ideellen und praktischen Versuche, den Kapitalismus durch eine andere Wirtschaftsform zu ersetzen, wird der Frage nachgegangen, wie dieses Ziel tatsächlich zu erreichen wäre. Die Antwort darauf ist einfach und auch nicht originell – sie wird von Kapitalismuskritikern heutzutage als veraltet und unrealistisch abgetan. Um ihnen zu widersprechen, wird auf die Bedeutung von Agitation und Revolution im Sinne der Thematik des Buches hingewiesen.

Der letzte Abschnitt des Buches ist als themenerweiternder Zusatz zu verstehen: Neben aller radikalen Kritik des Kapitalismus ist es angebracht, sich auch mit der Konzeption einer daraus entspringenden alternativen, nichtkapitalistischen Gesellschaft auseinanderzusetzen. Ein Beitrag dazu war und ist der Entwurf einer „bedürfnisorientierten Versorgungswirtschaft". Diese wird noch einmal kurz vorgestellt, danach werden die wichtigsten der vielfältigen Reaktionen und Kritiken besprochen.

2. Die wesentlichen Merkmale des Kapitalismus

Vor der Erläuterung der verschiedenen Vorstellungen über das Ende des Kapitalismus soll auf die wesentlichen Merkmale dieser Ökonomie eingegangen werden. Darüber, wie „Kapitalismus" zu definieren sei, gehen ja bekanntlich die Meinungen auseinander. Manche verstehen unter Kapitalismus nur das, was vor etwa 150 Jahren als „Manchesterkapitalismus" in Erscheinung trat, und können heute angesichts der staatlichen Interventionen in die Ökonomie den „eigentlichen" Kapitalismus gar nicht mehr entdecken.

In der Tat hat sich der Kapitalismus im Laufe der Zeit gewandelt. Die elementaren Charakteristika sind jedoch erhalten geblieben, wie die folgenden Erläuterungen zeigen sollen.

2.1 Privateigentum

Ein grundlegendes Merkmal des Kapitalismus ist das Privateigentum. Es hat seine Grundlage im Recht des bürgerlichen Staates, der das Eigentum garantiert[1], d. h. verfügt, dass Sachen grundsätzlich unter jemandes ausschließliche Verfügungsgewalt fallen.

Der bürgerliche Staat definiert seine Bürger als „freie" und „gleiche" Rechtssubjekte. „Frei" heißt, dass jeder frei mit den ihm zur Verfügung stehenden Mitteln, seinem Eigentum, einem Erwerb nachgehen kann. Ein Bürger kann also gemäß bürgerlichem Recht nicht Eigentum von anderen Bürgern sein, etwa als Sklave, oder anderen Bürgern von der Geburt bis zum Tod verpflichtet sein, wie ein Leibeigener.[2] „Gleich" meint die Gleichheit vor dem Gesetz.[3]

Damit erklärt er alle seine Bürger zu freien und gleichen Eigentümern, was bedeutet, dass jeder Bürger von dem, was die anderen besitzen, ausgeschlossen wird. Die Grundlage an die Mittel ihrer Reproduktion heranzukommen ist der Verkauf einer in ihrem Eigentum befindlichen Ware, die ein anderer bereit ist zu kaufen. Waren sind Güter, die am Markt – mit einem Wert versehen gegen

---

1 „Das Eigentum ist unverletzlich" – Artikel 5 des österreichischen Staatsgrundgesetzes
2 Siehe dazu die Artikel 4, 6, 7, des österreichischen Staatsgrundgesetzes.
3 Siehe dazu die österreichische Bundesverfassung, Artikel 7: „Alle Bundesbürger sind vor dem Gesetz gleich. Vorrechte der Geburt, des Geschlechtes, des Standes, der Klasse und des Bekenntnisses sind ausgeschlossen."

Geld – getauscht werden. Das Privateigentum ist wesentliche Grundlage und dessen Mehrung Zweck der kapitalistischen Ökonomie.

Letzteres wird nicht dadurch aufgehoben, dass der Staat gewisse Bereiche seiner Ökonomie der ausschließlichen Verfügung durch Privateigentum entzieht, wie zum Beispiel den Krankenhausbetrieb, den Ausbildungssektor oder Teile des Verkehrswesens und der Infrastruktur. Land und Leute sollen für die den Zweck der kapitalistischen Ökonomie brauchbar sein und dieses Vorhaben überlässt der bürgerliche Staat nicht nur den Privateigentümern. Auch wenn der bürgerliche Staat selbst Unternehmen führt bzw. sich an ihnen beteiligt, so setzt er damit die ökonomische Funktion des Privateigentums nicht außer Kraft. Er macht dies, etwa weil

- er sich nicht von ausländischen Unternehmen abhängig machen will, wie im Energie- und Rüstungssektor,
- sich zu wenig Privatkapital findet, um große, wichtige Betriebe zu finanzieren, wie z. B. nach dem 2. Weltkrieg in Österreich im Bankensektor, im Bergbau und in der Schwerindustrie,
- er sich gezwungen sieht, wichtige konkursreife Betriebe unter seine Kuratel zu nehmen, wie einige Banken und Finanzinstitute nach dem Crash von 2008.

Doch diese „Verstaatlichungen" sollen den Kapitalismus nicht behindern, sondern funktionell für die nationale Ökonomie sein – Staaten mit einem voll ausgebildeten Kapitalismus wollen grundsätzlich keine Unternehmer sein, sie wollen sich vielmehr an den Einkünften der Privateigentümer bedienen.[4] Wenn ein Unternehmen dennoch aus einem der genannten Gründe (teil-)verstaatlicht wird, so wird es, ganz wie ein privates, nach kapitalistischen Kriterien geführt.

Auch eine Beteiligung der Arbeiter an „ihren" kapitalistischen Betrieben setzt das Privateigentum nicht außer Kraft. Als Aktionäre oder Genossenschafter sind sie selbst Privateigentümer eines kapitalistischen Unternehmens und haben als solche ein Interesse, dass ihr Unternehmen am Markt besteht (nähere Ausführungen dazu im Kapitel 5.1).

---

4   Verstaatlichte Unternehmen werden, je nach politischer Einschätzung, auch immer wieder „privatisiert" – nicht zuletzt wird dies in heutigen internationalen Handelsabkommen gefordert, denn verstaatlichte Unternehmen werden als Verstoß gegen den freien internationalen Wettbewerb gesehen.

2.2 Lohnarbeit

Obwohl alle Bürger rechtlich gleichgestellt sind, unterscheiden sie sich – es treffen beim Tausch unterschiedliche ökonomische Charaktere aufeinander. Der entscheidende Punkt, an dem sich diese Charaktere scheiden, ist: Die einen besitzen nur Gegenstände für den persönlichen Gebrauch und ihre Arbeitskraft, die anderen sind Eigentümer von Waren und vor allem von Produktionsmitteln. Um einen Kauf tätigen zu können, muss zuerst etwas verkauft werden – die sonst nichts zu verkaufen haben, und das betrifft den Großteil der Menschen, müssen also auf dem Markt denen, die über Produktionsmittel verfügen, ihre Arbeitskraft anbieten, sie einem „Arbeitgeber" zur Verfügung stellen.[5] Nur so kommen sie an das Lebensmittel des Kapitalismus, nämlich das Geld, heran. Damit haben sie sich dem Regime des Privateigentümers, der ihre Arbeitskraft kauft, zu unterwerfen. Dieses grundsätzliche Verhältnis betrifft alle Bereiche der kapitalistischen Ökonomie, also nicht nur den produktiven Sektor. Charakteristisch für den Kapitalismus ist, dass das Arbeitsverhältnis ein Vertragsverhältnis zwischen Privateigentümern ist. Es wird niemand per Gewalt dazu gezwungen, einen Arbeitsvertrag abzuschließen, es wird niemand gewaltsam dazu angehalten, zu arbeiten. Es ist vielmehr der „stumme Zwang der ökonomischen Verhältnisse" (Marx), der immer für ein Angebot, meist ein Überangebot, von Lohnarbeitern sorgt, die zu ihrem Schaden um die Arbeitsplätze konkurrieren.

Lohnarbeit hat unangenehme Konsequenzen: Die Produzierenden sind vorerst einmal von den von ihnen hergestellten Produkten ausgeschlossen – nur mit dem in Geld abgegoltenen Lohn erschließt sich für sie ein mehr oder weniger großes Quantum der Warenwelt. Meist ist es ein weniger großes Quantum, denn der Lohn figuriert als Kostenfaktor in der Kalkulation der Unternehmen, d. h. als Größe, deren Anteil im Preis eines Produkts relativ gering zu Buche schlagen soll. Damit ist nicht nur ein Interessensgegensatz in puncto Lohnhöhe, sondern auch ein Stachel gegeben, ständig die Produktion zu effektivieren, um den Lohnanteil pro Leistungseinheit zu verringern. Die abhängige Variable dabei sind die Lohnarbeiter, ihr Einsatz muss sich „rechnen". Das bedeutet, dass sie nicht nur ihren Lohn „erarbeiten", sondern darüber hinaus noch den Mehrwert, bzw. den Profit, auf den es ankommt. Dementsprechend ungemütlich und unsicher (vor allem was die zeitliche Dauer betrifft) sind auch die Arbeitsplätze.

---

5 Die üblicherweise verwendeten Begriffe „Arbeitgeber" und „Arbeitnehmer" verkehren den eigentlichen Sachverhalt: Es sind die Eigentümer der Produktionsmittel, welche die Arbeit nehmen und für die Mehrung ihres Eigentums verwenden, und es sind die Lohnarbeiter, die ihre Arbeitskraft dafür hergeben.

Die einen verkaufen also ihre Arbeitskraft, um sich zu reproduzieren, also zu erhalten, die anderen kaufen sie, um Waren zu produzieren, die sie zur Mehrung ihres Eigentums verkaufen. Daran hat sich in den letzten hundert Jahren auch nichts geändert. Geändert hat sich allerdings aufgrund der technischen Entwicklung, des verstärkten Einsatzes von Maschinen, der Automatisierung und Digitalisierung vielfach die konkrete Tätigkeit, der Anteil der manuellen Arbeit hat sich verringert, der Dienstleistungssektor ist im Verhältnis zum produktiven gewachsen. Die menschliche Arbeitskraft wurde in vielen Bereichen durch Maschinen ersetzt, was den Anteil der Lohnarbeit relativ zur Maschinenarbeit reduziert. Auch die Arbeitsbedingungen haben sich geändert, nicht nur durch die technologische Entwicklung sondern auch durch die Einmischung des Staates in den entwickelten kapitalistischen Ökonomien: Die physischen und psychischen Schädigungen der Arbeitskräfte infolge ihrer Ausbeutung werden nicht beseitigt aber auf ein Maß reduziert, welches ihre dauerhafte Nutzung nicht gefährden soll (siehe Kapitel 2.5).

Der grundsätzliche Antagonismus zwischen Lohnarbeit und Kapital ist der gleiche geblieben, auch wenn der Lohnarbeiter nun „Angestellter" oder „Arbeitnehmer" genannt wird. Die vielen „Ich-AGs" – meist in die Selbständigkeit abgedrängte ehemalige Lohnarbeiter –, die in den letzten Jahrzehnten entstanden sind, höhlen die Lohnarbeit nicht aus, sie verwandeln sie nur in eine andere Form: die der Selbstausbeutung.

2.3 Kapitalistisches Geld

„Nach dem Gelde drängt, am Gelde hängt doch alles", so könnte man in Abwandlung des Zitats aus dem „Faust" die Quintessenz des Kapitalismus bezeichnen. Der ökonomische Reichtum der kapitalistischen Gesellschaften „erscheint als ungeheure Warensammlung" (Marx), doch es weiß jeder, dass, wenn im Kapitalismus von Reichtum die Rede ist, nur eines gemeint ist: Geld. All die Gebrauchswerte in dieser Gesellschaft, all der stoffliche Reichtum sind nur etwas „wert" als realisierter Tauschwert in Form von Geld. Nur das Geld ermöglicht den Zugriff auf die Warenwelt des Kapitalismus.[6]

---

6   Aus dieser Tatsache drechseln die bürgerlichen Ökonomen – und nicht nur sie – ein funktionelles Lob des Geldes: Der Tausch, also der Kauf und Verkauf von Gütern, wäre überhaupt das Natürlichste auf der Welt und Geld die praktikabelste Weise, den Tausch zu bewerkstelligen. Kapitalistisches Geld wird nicht mit der Wertproduktion erklärt, sondern zum seit jeher nützlichen ökonomischen Mittel verklärt.

Geld gab es auch schon in früheren, vorkapitalistischen Gesellschaften. Dort wurde es allerdings nur als Zahlungsmittel verwendet, im Kapitalismus hingegen besteht der Zweck der Produktion oder der Leistung, basierend auf dem Privateigentum und der Lohnarbeit, in der Erzielung von Geldüberschüssen. All die Arbeit, die von Arbeitskräften verrichtet wird, ist nur dann für den Kapitalisten interessant, wenn damit Geldüberschüsse (Profite) erwirtschaftet werden – dann wird das Geld seiner Bestimmung, nämlich Kapital zu sein, gerecht.[7] Kapitalistisches Geld ist nicht nur Zahlungsmittel, sondern auch Kredit und wird zu Kapital, wenn es als Geldvorschuss dazu taugt, einen Geldüberschuss zu erzielen. In diesem Wirtschaftssystem erscheint es so, als ob Geld per se die Potenz hat, sich zu vermehren. Das Finanzkapital, das seine Geschäfte damit macht, Geld als Kredit mit Verzinsung bereitzustellen und Geld zu „schöpfen", bestärkt diese Sichtweise, von der Grundlage der kapitalistischen Geldgeschäfte absieht: dem kapitalistischen Produktionsprozess.

Die Hoheit über das nationale Geld hat der jeweilige Staat, was, wenn er sich am Welthandel beteiligt, seine Währung nicht davor bewahrt, einem ständigen Vergleich ausgesetzt zu sein. Der internationale Wert des nationalen Geldes wird an den Devisenbörsen bestimmt und drückt sich im Wechselkurs aus. An der Entwicklung der Kurse lässt sich ablesen, wo sich Geschäfte mit mehr oder weniger Erfolg abwickeln lassen.

Die Materiatur des kapitalistischen Geldes hat sich im Laufe der Zeit verändert: vom Münzgeld über die Banknote mit Golddeckung zum Buchgeld ohne Golddeckung. Geld hat sich immer mehr von einer Geldmaterie entfernt und wurde damit immer mehr der Kreditfunktion gerecht.

Geld erscheint dem herkömmlichen Sachverstand als das Selbstverständlichste und Natürlichste. Selbstverständlich deshalb, weil alle Mitglieder dieser Gesellschaft bei ihrer Reproduktion darauf angewiesen sind und es dafür benutzen. Natürlich, weil darauf verwiesen wird, dass es immer schon Geld (in den verschiedensten Formen) gegeben habe und es sich als sehr praktisch bei der Abwicklung eines Tausches erweise.[8]

---

7 Auch wenn einige Bereiche, wie z. B. der Gesundheits- oder der Ausbildungsbereich, zum Teil der Profitkalkulation entzogen sind, so wird auch hier in Geldgrößen kalkuliert und die dabei tätigen Arbeitskräfte werden als Kostenfaktor behandelt.

8 Letzteres stimmt nur dann, wenn Waren getauscht werden, wenn also ein Tauschhandel vorliegt – der Tausch per se evoziert keine Zwischenschaltung des Geldes, z. B. wenn zwei Kinder Spielsachen zur wechselseitigen Nutzung tauschen. Eine Gesellschaft, in der nicht getauscht, soll heißen nicht ge- und verkauft wird, in der eine gesellschaftliche, arbeitsteilige Produktion für alle die nötigen Güter bereitstellt, erscheint den

Kritiker des kapitalistischen Geldes, die in dessen Fähigkeit, sich ohne Umweg über eine produzierte Ware oder eine erstellte Leistung zu vermehren, eine unsachgemäße Verwendung des Geldes entdecken, wollen Geld bloß als Zahlungsmittel nutzen – und zwar unter Beibehaltung von Privateigentum, Lohnarbeit und Markt (siehe dazu Kapitel 4.2). Würde diese Kritik am Geld wahrgemacht, wäre das ein Angriff auf die Freiheit des Eigentums und würde eine kapitalistische Ökonomie verunmöglichen, es würde jedoch an einer Tauschökonomie festgehalten, die weiterhin Ausbeutung der Arbeitskräfte und Konkurrenz beinhaltet.[9] Ebenso unsinnig wäre es, die Abschaffung des Geldes unter Beibehaltung von Privateigentum und Lohnarbeit zu erwägen.

Dem Kapitalismus beizukommen, indem man ein „Arbeitsgeld" einführt, um die Lohnarbeiter gemäß ihrer geleisteten Arbeitszeit zu entlohnen, schafft weder die Wertproduktion noch das Geld noch die Lohnarbeit ab. Mit diesen „Geld-pfuschereien" einen Sozialismus herbeiführen zu wollen, hielt schon Marx für „seichten Utopismus" bzw. für ein „Traumgebild" (1).

Und ein Arbeitsgeld als Zahlungsmittel in einer Gesellschaft, in der es keine Wertproduktion und keinen Tausch mehr gibt, beizubehalten, wäre kontrapro-duktiv und unnötig.

2.4 Der (freie) Markt

Üblicherweise wird der Kapitalismus von Apologeten des Systems heutzutage als „Marktwirtschaft" oder „freie Marktwirtschaft" bezeichnet – in Abgrenzung zur Zentralverwaltungswirtschaft oder Planwirtschaft des „realen Sozialismus".

Ein Markt existiert überall dort, wo Güter getauscht, gehandelt werden. Während in früheren Epochen der Handel ein Nebenschauplatz der jewei-ligen Subsistenz- und Feudalwirtschaft war, wird er in einer Gesellschaft, in der alle kaufen und verkaufen wollen oder müssen, zu einem Brennpunkt des Wirtschaftslebens. Der Markt ist die Plattform, auf der die Warenbesitzer ihre Waren zu einem bestimmten Preis anbieten. Sie treffen hier auf eine mehr oder

---

meisten als unvorstellbar, als nicht praktizierbar. Dies deshalb, da Privateigentum, Lohnarbeit und Markt unterstellt werden und dann festgestellt wird, dass eine Öko-nomie ohne Tausch und Geld nicht funktioniert – so gesehen, gibt ihnen die gängige Praxis recht.

9   Wenn Geld das Mittel ist, die Reproduktion zu gewährleisten, dann sind alle in dieser Gesellschaft gezwungen, sich dieses Mittel zu verschaffen – der Übergang von W-G-W zu G-W-G' ist eine notwendige Konsequenz, wie Marx im ersten Band des „Kapitals" ausführlich darlegt.

weniger große Zahl von Nachfragern - wobei nur die zahlungsfähige Nachfrage im Kapitalismus zählt, was im Bild des freien Marktes, der allen offensteht, gerne unterschlagen wird. Da mehrere Anbieter auf dem Markt auftreten, stehen sie zueinander in Konkurrenz, die Anbieter kämpfen um Marktanteile. Dabei ist die Preishöhe ein nicht unerhebliches Kriterium dafür, ob der Tausch Ware gegen Geld zustande kommt. Der Preiskampf auf dem Markt drückt auch dem Produktionsprozess im Kapitalismus den Stempel auf.

Werden Produkte nicht verkauft, so bedeutet das nicht unbedingt, dass die Produkte nichts taugen, es besagt nur, dass es zu wenig zahlungskräftige Nachfrage gibt. Die zahlungsfähige Nachfrage entscheidet darüber, ob Profite oder Verluste eingefahren werden, ob die Spekulation des Privateigentümers aufgeht oder nicht. Geht diese Spekulation für mehrere Player auf dem Markt nicht auf, dann kommt es zu einer Krise, in der auch einiges an Reichtum vernichtet wird.

Der Markt ist also das Geschäftsfeld der Privateigentümer, auf dem sie ihre Konkurrenz austragen. Der bürgerliche Staat greift in den Markt mit gesetzlichen Auflagen, Marktzugangsbeschränkungen, Preisfestsetzungen, Steuern, Zöllen, Kartellbeschränkungen etc. ein, um sicherzustellen, dass der „Wettbewerb" in seinem Sinne wirkt, er will ja an den Geschäften mitpartizipieren. Aus diesem Grund kümmert er sich auch um die Pflege des Arbeitsmarktes, der immer genügend willige, gut ausgebildete und anspruchslose Arbeitskräfte bereitstellen soll.[10]

Der „freie" Markt als Prototyp der Marktwirtschaft gilt als Modellkonstruktion in der heutzutage vertretenen Wirtschaftslehre. Jene gilt als Grundlage für den ständigen Streit von Fachleuten, wie sehr der Wirtschaft und den staatlichen Belangen eine Einmischung in das freie Spiel der Marktkräfte schadet oder nützt. Zu einem eindeutigen wissenschaftlichen Ergebnis gelangen sie diesbezüglich nicht, wobei der ideologische Ausgangspunkt von vornherein feststeht: Das Prinzip des freien Marktes entspreche dem Freiheitsdrang des Menschen, während zu viel ökonomischer Dirigismus oder gar Planwirtschaft Unterdrückung seien.

Der Markt wird als unentbehrliche ökonomische Einrichtung gesehen – was im Kapitalismus zweifellos Gültigkeit hat, denn er ist ja bloß der Begriff dafür, wie die konkurrierenden Privateigentümer den Tausch Ware gegen Geld abwickeln. In einer bedürfnisorientierten Produktion und Versorgung, in der Güter nicht getauscht, sondern verteilt werden, würde sich hingegen der Markt erübrigen.

---

10 Einige Staaten bestimmen den Preis für die Ware Arbeitskraft mit, indem sie einen gesetzlichen Mindestlohn festlegen, andere überantworten die Preisgestaltung den „Tarifpartnern".

2.5 Der bürgerliche Staat

Die politische Herrschaft des Kapitalismus ist der bürgerliche Staat. Mit seinen Gesetzen legt er Rechte und Pflichten, Gebote und Verbote fest, bestraft und fördert und richtet damit eine kapitalistische Ökonomie ein und gestaltet sie, um sich an ihr zu bedienen.

Mit der Festlegung der Bürger auf ihr Privateigentum als Grundlage für ihren Lebensunterhalt (siehe Kapitel 2.1) setzt der bürgerliche Staat nicht nur gegensätzliche, sondern auch konkurrierende Interessen in dieser Gesellschaft in Kraft. Damit entsteht ein weites Betätigungsfeld für gesetzliche Eingriffe – von A wie Arbeitsrecht bis Z wie Zollrecht – die er für eine gedeihliche private und nationale Reichtumsvermehrung, sprich Wirtschaftswachstum, als notwendig erachtet. Die Gegensätze und die Konkurrenz werden dadurch nicht aufgehoben, sondern sollen für den Staat produktiv gemacht werden. Mit seiner Wirtschaftspolitik unternimmt er alles, um gute Bedingungen für das Wirtschaftswachstum zu schaffen, an dem er nicht nur über Steuern partizipiert, sondern das ihm auch die Möglichkeit gibt, sich international zinsgünstig zu verschulden. Auch die Geldpolitik soll eben das befördern und staatliche Politik versucht auch, sofern sie dazu die Möglichkeiten hat, den Wechselkurs der Währung im gewünschten Maß zu beeinflussen.

Mit diesem Ziel tritt er gegen andere Staaten an, die genau das gleiche Programm verfolgen. Der Kapitalismus beschränkt sich nicht auf die Reichtumsvermehrung in der jeweiligen Nation, sondern ist grenzüberschreitend, global tätig. Seit der Aufgabe des „realen Sozialismus" und von Chinas „drittem Weg" ist der Kapitalismus weltweit die Grundlage der Wirtschaftsbeziehungen. Staaten, die versuchen, sich dem für sie nachteiligen Wirken der internationalen Konkurrenz zu entziehen, werden geächtet und fallweise bestraft, wobei der Wirtschaftsboykott nicht die Ultima Ratio darstellt. Denn diesbezüglich sind die bürgerlichen Staaten nicht zimperlich unterwegs – sie überziehen Regionen und manchmal die Welt mit Kriegen, die nicht immer aus ökonomischen Gründen geführt werden, wenn es um die Stärkung der eigenen Souveränität geht.

Der bürgerliche Staat ist nicht mehr derselbe wie vor 150 Jahren. Eine der bedeutsamsten Veränderungen war seine Wandlung zum „Sozialstaat" und die Errichtung einer „sozialen Marktwirtschaft": Er ging dazu über, die Arbeiterklasse zu betreuen, indem er etwa ein gesetzliches Sozialversicherungssystem schuf - Umfang und Ausgestaltung der sozialstaatlichen Maßnahmen sind von Land zu Land verschieden. Er wollte schließlich keine Elendsgestalten, die weder als Arbeitskräfte noch als Soldaten taugen. Der Zweck dieser Maßnahmen ist nicht, die Gründe für die Schädigungen zu beseitigen, sondern diese so weit abzumildern, dass die Funktionalität der Arbeiterschaft für die Interessen des Staates aufrechterhalten wird.[11]

Der Aufbau eines Sozialstaats in den entwickelten kapitalistischen Staaten hat das Proletariat zwar aus der Verelendung geführt, ihm jedoch damit kein materiell gesichertes Leben beschert und die Ausbeutung der Arbeitskräfte und ihre Folgen nicht beseitigt. Bei all seinen Wandlungen hat der Staat die Grundlagen seiner kapitalistischen Ökonomie stets im Auge behalten. Auch die Beteiligung von Arbeiterparteien an den Regierungsgeschäften hat daran nichts geändert.

Trotz aller Schädigungen, die die Bürger durch die kapitalistische Ökonomie und die bürgerliche Herrschaft erfahren, ist nicht zu erwarten, dass sie den Kapitalismus demokratisch abwählen werden – das liegt einerseits an dem Prozedere der Demokratie und andrerseits an dem Bewusstsein der Wähler (darauf wird später im Kapitel 4.3 und im Abschnitt 8 näher eingegangen).

Mit der Beseitigung des Kapitalismus wäre jedenfalls auch der bürgerliche Staat obsolet. Ob es nach einer Übergangsphase überhaupt noch einer politischen Gewalt bedarf, bleibe dahingestellt (siehe dazu auch den Abschnitt 9).

Zusammenfassend lässt sich festhalten: Ungeachtet aller Veränderungen und Reformen wurde der Kapitalismus nicht aufgehoben, seine grundlegenden Merkmale, die hier aufgezählt wurden, gibt es nach wie vor. Diese bilden eine Einheit: Werden nur ein oder zwei davon beseitigt, dann gäbe es zwar keinen Kapitalismus mehr, aber eine sinnvolle Alternative käme dadurch nicht zustande, wie man etwa am realen Sozialismus studieren kann. Eine vernünftige Wirtschaftsordnung wird erst möglich, wenn Privateigentum und Lohnarbeit, Geld und Markt samt dem bürgerlichen Staat auf den „Müllhaufen der Geschichte" gekippt werden (siehe dazu die folgenden Kapitel).

---

11 Zu dieser Einsicht gelangte der bürgerliche Staat nicht nur aus eigenem Ermessen, sie musste ihm vielfach von einer aufstandsbereiten Arbeiterschaft abgerungen werden. Ordnungspolitische Gesichtspunkte spielen dabei auch eine Rolle: Triste materielle Lebensumstände sollen zumindest so weit kompensiert werden, dass eine komplette Verwahrlosung derjenigen, die ihre Reproduktion nicht mehr selbst bewerkstelligen können, vermieden wird - da sie nicht unmittelbar zur Reichtumsvermehrung der Nation beitragen, stehen die Sozialausgaben freilich immer im Verdacht, zu hoch zu sein. Sobald -- nicht zuletzt durch ebendiese sozialstaatlichen Maßnahmen – sichergestellt war, dass große Teile des Proletariats sich nicht gegen den Kapitalismus stellten, sondern sich auf ihn als ihr Mittel bezogen und in ihm ihr Auskommen finden wollten, wurden den Arbeitern von der Politik auch Rechte zugebilligt und die Arbeiter als politische Interessensgruppe, aus der sich auch eine regierungsfähige Partei entwickelte, in das demokratische Prozedere integriert.

3. Die Prophezeiungen vom „notwendigen" Untergang des Kapitalismus

Sich den Untergang des Kapitalismus zu wünschen und zu hoffen, dass er durch eine menschenfreundliche Organisation der Produktion und eine bedürfnisorientierte Versorgung abgelöst wird, ist eine Sache. Eine andere Sache ist es, wissenschaftlich nachweisen zu wollen, dass der Untergang des Kapitalismus notwendig bevorsteht.

Dabei können zwei Varianten unterschieden werden: Die eine bemüht ein Geistersubjekt namens Geschichte, die andere erschließt aus dem widersprüchlichen Wirken des Kapitalismus seine baldige Selbstvernichtung. Manchmal verschmelzen diese beiden Theorien auch symbiotisch.

3.1 Die Geschichte als teleologischer Prozess

Die geisteswissenschaftliche Disziplin der Geschichtswissenschaft macht, wenn sie korrekt vorgeht, nichts anderes, als Fakten der Vergangenheit zu analysieren und damit einen historischen Verlauf zu erklären. Problematisch wird es, wenn die Geschichte selbst zu einem Subjekt verklärt wird, das quasi ein Eigenleben führt und die Menschheit zu einem vorgestellten Ziel hinführt. Als erstes Beispiel für diese Sichtweise soll ein Denker angeführt werden, der sich zwar nicht mit dem Untergang des Kapitalismus beschäftigte, der jedoch Kapitalismuskritiker stark beeinflusste.

3.1.1 Der historische Idealismus

Georg Wilhelm Friedrich Hegel schreibt in seiner Einleitung zu den „Vorlesungen über die Philosophie der Geschichte", dass er die Geschichte philosophisch betrachten will:

> „Der einzige Gedanke, den die Philosophie mitbringt, ist aber der einfache Gedanke der *Vernunft* [Kursivsetzungen im Original, Anm. d. Verf.], dass die Vernunft die Welt beherrsche, dass es also auch in der Weltgeschichte vernünftig zugegangen sei. Diese Überzeugung und Einsicht ist eine *Voraussetzung* in Ansehung der Geschichte als solcher überhaupt." (1)

Und denjenigen, die seine Philosophie noch nicht kennen, legt er vor seinen Ausführungen zur Weltgeschichte Folgendes nahe:

„Wenn man nämlich nicht den Gedanken, die Erkenntnis der Vernunft, schon mit zur Weltgeschichte bringt, so sollte man wenigstens den festen, unüberwindlichen Glauben haben, dass Vernunft in derselben ist, und auch den, dass die Welt der Intelligenz und des selbstbewussten Wollens nicht dem Zufalle anheimgegeben sei, sondern im Lichte der sich wissenden Idee sich zeigen müsse." (2)

Es ist schon eine seltsame Vorstellung der Thematik: Weil das Hauptthema seiner Philosophie „die Vernunft" bzw. „der absolute Geist" ist, so muss diese auch in der Weltgeschichte sein. Dieser Gedanke ist für Hegel die „Voraussetzung", die Weltgeschichte zu untersuchen, und jenen, die sich mit der Materie noch nicht beschäftigt haben, legt er nahe, an dieser Voraussetzung bedingungslos festzuhalten und ganz fest daran zu glauben, dass die Weltgeschichte von etwas „Göttlichem" geleitet wird – nicht von einem Mann im Himmel mit weißem Bart, sondern, das ist das Aufklärerische, von einer „absoluten Vernunft", die allem Sein innewohne. Noch bevor er sich näher mit seinem Gegenstand befasst, behauptet er seinen Glauben an die ihm innewohnende Vernunft als „Wahrheit", an der alles zu beurteilen ist. Mit diesem (durch nichts begründeten) Vorsatz ausgestattet, kommt er nach der Untersuchung verschiedener Epochen der Weltgeschichte, wie nicht anders zu erwarten, zu dem Resultat, das er der Untersuchung vorausgesetzt hat, nämlich dass überall das Wirken der Vernunft, letztlich der „absoluten Vernunft" dahinterstecke.

Als Inhalt der „absoluten Vernunft" entdeckt Hegel das „Bewusstsein der Freiheit", das weltgeschichtlich tendenziell „Fortschritte" gemacht hätte. (3) Ist dieses Bewusstsein in seiner höchsten Vollendung erreicht, wäre damit auch der „Endzweck der Weltgeschichte" eingelöst.

Um zu dieser Erkenntnis zu gelangen, bedarf es einer speziellen „Ideologie", und zwar im wahrsten Sinne des Wortes. Hegel überhöht den Begriff der Freiheit zur „göttlichen" Idee, die er zum Triebmotor der gesamten Geschichte erklärt. Er verlässt den Bereich der Wissenschaft und betreibt Metaphysik bzw. eine aufgeklärte Theologie, in der es demgemäß auch teleologisch zugeht. „Die Geschichte" wird zu einem Subjekt, das von Gott beseelt ist und sich den Zweck setzt, „das Prinzip der Freiheit zu verwirklichen". So gesehen erschien Hegel der bürgerliche Rechtsstaat mit einem „edlen" Monarchen an der Spitze und dem Protestantismus als Staatsreligion als eine von Gott gegebene Herrschaft und als Endzweck der Weltgeschichte. (4)[12]

---

12 Unter Berufung auf Hegel hat der amerikanische Politikwissenschaftler *Francis Fukuyama* in einem Aufsatz (1989) und einem aufsehenerregenden Buch (1992) das „Ende der Geschichte" ausgerufen. Nach der Niederlage des Faschismus und des Kommunismus sei mit dem Sieg der „liberalen Demokratie" und der „liberalen Ökonomie"

3.1.2 Der historische Materialismus

Karl Marx, dessen Arbeiten vor allem in den jüngeren Jahren von Hegel stark beeinflusst waren – er stand ja eine Zeit lang den sogenannten Junghegelianern sehr nahe –, entwickelte sich schon bald zu einem Kritiker des hegelianischen Idealismus. Sein Anliegen war es, „Hegel vom Kopf auf die Füße zu stellen", also weg vom „Idealismus" zu einem „Materialismus" bezüglich der Erklärung der Weltenläufe zu gelangen. Das implizierte eine Kritik des Geschichtsverständnisses Hegels und der Junghegelianer, deren Fehler Marx in der sogenannten „Deutschen Ideologie", einem zu seinen Lebzeiten unveröffentlichten Manuskript, folgendermaßen charakterisiert:

> „Die Geschichte ist nichts als die Aufeinanderfolge der einzelnen Generationen, von denen jede die ihr von allen vorhergegangenen übermachten Materialien, Kapitalien, Produktionskräfte exploitiert, daher also einerseits unter ganz veränderten Umständen die überkommene Tätigkeit fortsetzt und andrerseits mit einer ganz veränderten Tätigkeit die alten Umstände modifiziert, was sich nun spekulativ so verdrehen lässt, dass die spätere Geschichte zum Zweck der früheren gemacht wird, z. B., dass der Entdeckung Amerikas der Zweck zugrunde gelegt wird, der französischen Revolution zum Durchbruch zu verhelfen, wodurch dann die Geschichte ihre aparten Zwecke erhält und eine ‚Person neben anderen Personen' […] wird, während das, was man mit Worten ‚Bestimmung', ‚Zweck', ‚Keim', ‚Idee' der früheren Geschichte bezeichnet, weiter nichts ist als eine Abstraktion von der späteren Geschichte, eine Abstraktion von dem aktiven Einfluss, den frühere Geschichte auf die spätere ausübt." (5)

Die Geschichte sei eine zeitliche Aufeinanderfolge von verschiedenen (materiellen) Lebensbedingungen und Produktionsverhältnissen und gehorche nicht einer „Idee", die sich wie ein roter Faden durchziehe und an der alle Ereignisse gemessen werden, so als ob die Entdeckung Amerikas ein Ereignis gewesen wäre, das die Geschichte in Richtung Französischer Revolution gedrängt hätte. Marx kritisiert, „die Geschichte" wie ein Subjekt („eine Person neben anderen Personen") zu sehen, das mit selbstbewussten Zwecken ausgestattet sei und als solches die Geschicke der Menschheit gemäß einer spekulativen Idee (z. B. Hegels „List der Vernunft" bzw. „Bewusstsein der Freiheit") „tendenziell" zur Vollendung dieser Idee führe. Er hat es allerdings bei dieser Kritik des Idealismus als Weltanschauung nicht bewenden lassen, sondern dieser seine Anschauung der

---

die Geschichte zu ihrem politischen Ende gelangt. Auch er sieht in der Geschichte Ideen walten, die letztendlich im Kapitalismus und im politischen Herrschaftsmodell der USA münden, denn in deren liberaler Verfassung sei am ehesten „das Prinzip der Freiheit" verwirklicht.

Geschichte entgegengesetzt: Es seien vielmehr die Produktionsverhältnisse und
die Entwicklung der Produktivkräfte, die den Lauf der Geschichte bestimmen:

> „Schließlich erhalten wir noch folgende Resultate aus der entwickelten Geschichts-
> auffassung: 1. In der Entwicklung der Produktivkräfte tritt eine Stufe ein, auf wel-
> cher Produktionskräfte und Verkehrsmittel hervorgerufen werden, welche unter den
> bestehenden Verhältnissen nur Unheil anrichten, welche keine Produktionskräfte mehr
> sind, sondern Destruktionskräfte [...]." (6)

Er erläutert sehr ausführlich, dass der eigentliche rote Faden der Geschichte die
Entwicklung der materiellen Lebensvoraussetzungen, also wie und was produziert wird, sei – eine Entwicklung, die sich in Stufen, von einer niedrigeren zu
höheren, begleitet von „Revolutionen" und „Klassenkämpfen", vollziehe und der
eine Notwendigkeit innewohne, und setzte damit der Ideengeschichte Hegels
den „historischen Materialismus" entgegen. Das führte u. a. zu solchen Aussagen
wie im „Kommunistischen Manifest":

> „Der Fortschritt der Industrie, dessen willenloser und widerstandsloser Träger die
> Bourgeoisie ist, setzt an die Stelle der Isolierung der Arbeiter durch die Konkurrenz
> ihre revolutionäre Vereinigung durch die Assoziation. Mit der Entwicklung der großen
> Industrie wird also unter den Füßen der Bourgeoisie die Grundlage selbst hinwegge-
> zogen, worauf sie produziert und die Produkte sich aneignet. Sie produziert vor allem
> ihre eigenen Totengräber. Ihr Untergang und der Sieg des Proletariats sind gleich unver-
> meidlich." (7)

Hier wird der rote Faden gleich in die Zukunft verlängert. Es gelte ein allgemei-
nes historisches Gesetz, das nicht nur die Entstehung des Kapitalismus erkläre,
sondern aus dem sich auch der bevorstehende Untergang des Kapitalismus ableiten lasse (wie auch bei Engels, siehe weiter unten).

Marx hat sich in seinen späteren Studien nicht mehr mit dem „historischen
Materialismus" beschäftigt und seine philosophischen Schriften der „nagenden
Kritik der Mäuse" überlassen. Allerdings gibt es auch in seinen späteren Wer-
ken Bemerkungen, die von seinen Freunden und Feinden oft als Hinweis auf
den „notwendigen" Untergang des Kapitalismus, der einem Sozialismus Platz
machen werde, interpretiert wurden. Diese Bemerkungen wurden berühmter als
seine Analyse des Kapitalismus. Marx wusste, dass der Kapitalismus nicht von
„der Geschichte" hinweggefegt wird, und hat bis ans Lebensende dafür agitiert,
dass die Menschen

> „sich den ganzen Dreck vom Halse [...] schaffen und zu einer neuen Begründung der
> Gesellschaft befähigt [...] werden" (8).

Bedauerlicherweise gilt er in der bürgerlichen Welt, aber auch bei vielen Linken bis heute nicht als Wissenschaftler, nicht als Ökonom, sondern als Philosoph mit spezieller Weltanschauung und als (schlechter) Prophet der Geschichte.

Diese zweifelhafte Ehre hat er auch seinem Freund und Mitstreiter *Friedrich Engels* zu verdanken, der sich dem historischen Materialismus verschrieben hatte und meinte, dies sei, neben der Entdeckung des Mehrwerts, Marx' und seine bedeutendste Erkenntnis. Engels sah den Untergang des Kapitalismus als historisch notwendig an und bemühte sich, ein „Naturgesetz" der geschichtlichen Entwicklung ausfindig zu machen.

Zusammengefasst hat er dies in der Schrift „Die Entwicklung des Sozialismus von der Utopie zur Wissenschaft", die eine höhere Auflage erzielte als „Das Kapital" von Marx und nicht nur von Lenin und Co. als Standardwerk des Marxismus behandelt wurde.

In dieser Schrift kritisiert er die Utopisten, wie Saint-Simon und Fourier, dafür, dass ihre utopischen Gesellschaftsmodelle zwar die „Missstände der Gesellschaft" (9) zum Ausgangspunkt nahmen, aber ihr utopischer Sozialismus nicht auf fundierten Erkenntnissen des Kapitalismus gründete. Dagegen ist nun nichts einzuwenden, denn nur wer den Kapitalismus wirklich begreift, der weiß, was es abzuschaffen gilt. Statt aber die Fehler der Utopisten zu erklären und den Utopismus ihrer sozialistischen Utopien nachzuweisen, wirft er ihnen vor, bei der Entwicklung ihrer Ideen den Gang der Weltgeschichte nicht richtig untersucht zu haben. Dazu sei nämlich eine Methode, die „Dialektik" (Denken in Widersprüchen), notwendig. Diese Methodik sei ein Verdienst von Hegel, in dessen System

„die ganze natürliche, geschichtliche und die geistige Welt als ein Prozess, d. h. als in steter Bewegung, Veränderung, Umbildung und Entwicklung begriffen, dargestellt und der Versuch gemacht wurde, den innern Zusammenhang in dieser Bewegung und Entwicklung nachzuweisen. Von diesem Gesichtspunkt aus erschien die Geschichte der Menschheit [...] als Entwicklungsprozess der Menschheit selbst, dessen allmählicher Stufengang durch alle Irrwege zu verfolgen und dessen innere Gesetzmäßigkeiten durch alle scheinbaren Zufälligkeiten hindurch nachzuweisen jetzt die Aufgabe des Denkens wurde." (10)

Mit diesem „dialektischen Materialismus", den er aus Hegels Dialektik ableitet, und den ökonomischen Erkenntnissen von Marx ausgestattet, geht nun Engels auf die Weltgeschichte los. Damit

„erschien jetzt der Sozialismus nicht mehr als zufällige Entdeckung dieses oder jenes genialen Kopfs [wie bei den Utopisten – Anm. d. Verf.], sondern als das notwendige Erzeugnis des Kampfes zweier geschichtlich entstandener Klassen, des Proletariats und der Bourgeoisie. [...] Es handelte sich [...] darum, die kapitalistische Produktionsweise einerseits in ihrem geschichtlichen Zusammenhang und ihrer Notwendigkeit für einen bestimmten geschichtlichen Zeitabschnitt, also auch die Notwendigkeit ihres Untergangs, darzustellen." (11)

Engels beschreibt nun den notwendigen Untergang des Kapitalismus und „die Entwicklung des Sozialismus" in mehreren Schritten folgendermaßen:

Erstens verweist er auf die ökonomischen Krisen, die tatsächlich notwendig immer wieder auftreten, das Ungewisse ist nur der Zeitpunkt und die Heftigkeit der Krise. Er erklärt ihre Entstehung mit der begrenzten „Ausdehnung der Märkte", die mit der periodisch entstehenden „Überproduktion" nicht Schritt halten könne. Gegen diese, bei Engels etwas ausführlicher formulierte, Erklärung ist nichts einzuwenden. Er belässt es jedoch nicht dabei, sondern erkennt darin einen gemäß der „materialistischen Dialektik" notwendigen „Widerspruch" der auf seine Aufhebung drängt:

> „In den Krisen kommt der Widerspruch zwischen gesellschaftlicher Produktion und kapitalistischer Aneignung zum gewaltsamen Ausbruch. [...] Die Produktionsweise rebelliert gegen die Austauschweise. [...] Einesteils also wird die kapitalistische Produktionsweise ihrer eigenen Unfähigkeit zur ferneren Verwaltung dieser Produktionskräfte überführt. Andrerseits drängen diese Produktivkräfte selbst mit steigender Macht nach Aufhebung des Widerspruchs, nach ihrer Erlösung von ihrer Eigenschaft als Kapital, nach tatsächlicher Anerkennung ihres Charakters als gesellschaftlicher Produktivkräfte." (12)

Engels ist also überzeugt davon, dass „die Produktivkräfte" den kapitalistischen Charakter der Produktionsweise sprengen werden, ja sprengen müssen. Tatsächlich macht sich in den kapitalistischen Krisen der Widerspruch zwischen Ausdehnung der Märkte bzw. des Kredits und der begrenzten Zahlungsfähigkeit drastisch bemerkbar und kann auch in Börsencrash und Weltwirtschaftskrise seinen Ausdruck finden und die Ökonomie ziemlich zerrütten. Doch das ist etwas anderes als der von Engels postulierte prinzipielle Widerspruch zwischen „gesellschaftlicher Produktion und kapitalistischer Aneignung". Dieser eingebildete Widerspruch entspringt der dialektischen Geschichtsauffassung von Engels.

Zweitens weisen für Engels, der auf die historische Überflüssigkeit der Bourgeoisie hinauswill, „die Krisen die Unfähigkeit der Bourgeoisie zur fernen Verwaltung der modernen Produktivkräfte" (13) auf. Als ob es der Beruf der Bourgeoisie wäre, die Produktionsmittel zu „verwalten"! Sie wollen nicht verwalten, sondern möglichst viel Gewinn durch die Anwendung der Produktivkräfte herausschlagen. In der Krise scheiden zwar einige Kapitalisten aus der Konkurrenz aus, aber diejenigen, die die Krise unter Einsatz aller kapitalistischen

Methoden bewältigen, machen dann weiter wie gehabt und manche gehen auch als Gewinner aus der Krise hervor.

Drittens komme es mit der Bildung von „Trusts" bzw. großen Aktiengesellschaften, die in vielen Fällen laut Engels Monopolcharakter annähmen, zu einer Vergesellschaftung der Produktion, die die „Entbehrlichkeit der Bourgeoisie" erweise, da die Bourgeois ihren Angestellten die Abwicklung des Geschäfts überließen und sich nur mehr als Rentiers bzw. „Kuponabschneider" betätigten. Gerade da, wo der Kapitalismus mit dem Geldkapital seine Vollendung erfährt, entdeckt Engels den zwangsläufigen Untergang der Kapitalisten und des Privateigentumskapitalismus, denn:

> „Kein Volk würde eine durch Trusts geleitete Produktion, eine so unverhüllte Ausbeutung der Gesamtheit durch eine kleine Bande von Kuponabschneidern sich gefallen lassen." (14)

Mit diesem Argument verlässt Engels den Nachweis ökonomischer Notwendigkeiten, die den Untergang des Kapitalismus herbeiführen, und führt sozusagen eine „moralische" Notwendigkeit für eine Revolution ins Feld. Als ob die tägliche Ausbeutung als Lohnarbeiter, durch Kapital in welcher Größe auch immer, nicht Grund genug wäre, den Kapitalismus abzuschaffen, wird nun die moralische Empörung über die Rentiers zum auslösenden Moment für eine Revolution.[13] Die Geschichte mündet bei Engels in der Verstaatlichung der Produktivkräfte:

> „So oder so, mit oder ohne Trusts, muss schließlich der offizielle Repräsentant der kapitalistischen Gesellschaft, der Staat, die Leitung der Produktion übernehmen." (15)

Weshalb „muss" der Staat die Leitung der Produktion übernehmen? Ist das ökonomisch notwendig oder im Hinblick auf den erhofften Sozialismus nötig? Tatsächlich verstaatlicht der kapitalistische Staat ab und zu privates Eigentum (siehe auch Kapitel 2.1), aber er macht auch oft, wie es auch Engels hätte wahrnehmen können, das Umgekehrte: Er privatisiert Teile des Staatseigentums. Und

---

13 Dieser Gedanke, zwischen „raffenden" (trägt nichts bei zur Produktion außer eben nur Geld und sei gierig und böse) und „schaffendem" Kapital (produziert Güter, sei deshalb nützlich und moralisch gesehen gegenüber dem Geldkapital zu bevorzugen – diese Begriffe wurden u.a. in der nationalsozialistischen Propaganda verwendet) zu unterscheiden, ist durchaus populär, vor allem in Zeiten der Krise. Dass sowohl Geldkapitalisten als auch produktive Kapitalisten nichts anderes vorhaben, als aus einem Geldvorschuss einen Geldüberschuss zu machen, wird ignoriert. Dazu, die Abschaffung des Kapitalismus zu fordern, versteigen sich diejenigen, die sich über die „Spekulanten" empören, aber nie - sie dringen vielmehr darauf, den Kapitalismus von den moralisch verwerflichen Kapitalisten zu säubern.

auch wenn er Produktivkräfte in staatliches Eigentum übernimmt, so ändert das nichts an der Ausbeutung, an den grundlegenden Bestimmungen des Kapitalismus. Engels konstatiert das selbst, wenn er bemerkt:

> „Je mehr Produktivkräfte er in sein Eigentum übernimmt, desto mehr wird er wirklicher Gesamtkapitalist, desto mehr Staatsbürger beutet er aus. Die Arbeiter bleiben Lohnarbeiter, Proletarier." (16)

Eine Verstaatlichung bedeute also keinen Fortschritt für das Proletariat. Das Happy End naht dennoch. Nicht etwa weil das Proletariat von der Ausbeutung und dem kärglichen Leben die Nase voll hat, sondern weil es endlich seine geschichtliche Mission erfüllen werde, die gesellschaftliche Produktion mit der gesellschaftlichen Aneignung zu versöhnen: Es ergreift die Staatsgewalt und löst damit den historisch-ökonomischen Widerspruch:

> „Diese Lösung kann nur darin liegen, dass die gesellschaftliche Natur der modernen Produktivkräfte tatsächlich anerkannt, dass also Produktions-, Aneignungs- und Austauschweise in Einklang gesetzt wird mit dem gesellschaftlichen Charakter der Produktionsmittel. Und dies kann nur dadurch geschehen, dass die Gesellschaft offen und ohne Umwege Besitz ergreift von den jeder anderen Leitung außer der ihrigen entwachsenen Produktivkräften." (17)

Die kommunistische Bewegung ist Engels zufolge insofern der Geburtshelfer für den Umsturz des Kapitalismus, als sie mit ihrem wissenschaftlichen Sozialismus nicht bloß den Kapitalismus erkläre, sondern vor allem dem Proletariat dessen historische Mission vor Augen führe, von den „blind wirkenden Produktionskräften" Besitz zu ergreifen.

Nun ist richtig, dass das Proletariat eine entscheidende Rolle bei der Abschaffung des Kapitalismus spielen könnte, und das umso eher, je mehr es vom Wirken des Kapitalismus versteht. Deshalb ist es wichtig, den Kapitalismus einschließlich seiner Krisen zu erklären. Das bedeutet aber nicht, dem Proletariat weiß zu machen, dass der Kapitalismus mit der immer produktiveren Anwendung der Produktivkräfte mit „naturgesetzlicher" Notwendigkeit zum „Totengräber" seiner selbst wird. Die Notwendigkeit, sich den Kapitalismus vom Hals zu schaffen, um sich von Kapital und Geld zu befreien, ist etwas anderes als die Notwendigkeit, mit der gemäß „historischem Materialismus" die Geschichte auf eine proletarische Revolution zusteure. Leider beeinflusste diese Verwechslung und der zugrundeliegende wissenschaftliche Fehler in starkem Maße die nachfolgenden Generationen kapitalismuskritischer Denker.

3.2 Der Kapitalismus als Totengräber seiner selbst

Schon bei Engels (siehe oben) findet sich der Gedanke, dass der Kapitalismus seinen eigenen Untergang herbeiführen wird. Viele seiner Epigonen haben diesen Gedanken aufgegriffen und spezielle Untergangstheorien entwickelt.

3.2.1 Der Kapitalismus „verfault"

Ein berühmter Verfechter der Totengräbertheorie war *Wladimir Iljitsch Uljanow* alias *Lenin*. Die grundsätzlichen Gedanken dazu finden sich in seinem Werk „Der Imperialismus als höchstes Stadium des Kapitalismus". Das Werk wurde von Lenin 1916 in seinem Zürcher Exil verfasst. Unverkennbar stützt er sich dabei auf *Rudolf Hilferdings* „Das Finanzkapital" (erschienen 1910) und auf *Rosa Luxemburgs* „Die Akkumulation des Kapitals. Ein Beitrag zur ökonomischen Erklärung des Imperialismus" (erschienen 1913).

Lenin schreibt im Vorwort:

> „Ich möchte hoffen, dass meine Schrift dazu beitragen wird, sich in der ökonomischen Grundfrage zurechtzufinden, ohne deren Studium man nicht im geringsten verstehen kann, wie der jetzige Krieg und die jetzige Politik einzuschätzen sind, nämlich in der Frage nach dem ökonomischen Wesen des Imperialismus." (18)

Er will den Krieg, der gerade im Gange ist, aus der Entwicklung des Kapitalismus ableiten und erklären. Er ergänzt Engels' Darstellung des Entwicklungsganges des Kapitalismus um seine Definition des Imperialismus:

> „Der Imperialismus ist der Kapitalismus auf jener Entwicklungsstufe, wo die Herrschaft der Monopole und des Finanzkapitals sich herausbildet, der Kapitalexport hervorragende Bedeutung gewonnen, die Aufteilung der Welt durch die internationalen Trusts begonnen hat und die Aufteilung des gesamten Territoriums der Erde durch die größten kapitalistischen Länder abgeschlossen ist." (19)

Bei Engels übernimmt letztendlich der Staat die Trusts, bei Lenin ist es umgekehrt: Die Trusts (bzw. Monopole) übernehmen die staatliche Politik („Staatsmonopolkapitalismus"). Sie machen aus ökonomischem Interesse staatliche Politik, indem sie sich die Welt aufteilen und um die Aufteilung streiten. Der bürgerliche Staat ist bei Lenin nicht das Subjekt, das die Ökonomie einrichtet und gestaltet, um sich an ihr zu bedienen, sondern er wird zum Vollzugsorgan der Interessen der Monopole.

Er bestreitet allerdings, dass sich die Monopole langfristig gesehen durchsetzen können:

> „Gewiss kann das Monopol unter dem Kapitalismus die Konkurrenz auf dem Weltmarkt niemals restlos und auf sehr lange Zeit ausschalten."

Dennoch hält er an dem einmal gefassten Vorurteil fest und setzt fort:

> „Aber die Tendenz zur Stagnation und Fäulnis, die dem Monopol eigen ist, wirkt nach wie vor und gewinnt in einzelnen Industriezweigen, in einzelnen Ländern für gewisse Zeitspannen die Oberhand" (20)

Zu „Stagnation und Fäulnis" komme es insofern, als die Monopole keine Veranlassung mehr haben, neue Technologien zu entwickeln, da sie ja den Markt mit ihren Monopolpreisen dominieren würden. Der Kapitalismus werde seiner Rolle als Produktivitäts- und Fortschrittstreiber damit nicht mehr gerecht. Aber wenn Monopole die Konkurrenz langfristig nicht beseitigen, weshalb sollte die „Fäulnis" anhalten und die Akkumulation stagnieren? Lenin konstatiert selbst, dass der Kapitalismus prächtig akkumuliert, allerdings bekomme das gerade den Ländern, die am meisten davon profitieren, nicht gut:

> „Im großen und ganzen wächst der Kapitalismus bedeutend schneller als früher, aber dieses Wachstum wird nicht nur im allgemeinen immer ungleichmäßiger, sondern die Ungleichmäßigkeit äußert sich auch im Besonderen in der Fäulnis der kapitalkräftigsten Länder (England)." (21)

Ähnlich wie bei Engels leiten die Konzentration des Kapitals und die ökonomische Macht des Finanzkapitals den Untergang des Kapitalismus ein. Der Imperialismus sei nicht nur das „höchste Stadium des Kapitalismus", sondern auch die Phase des „sterbenden Kapitalismus". (22)

Auf dieser Stufe der Vergesellschaftung der Produktion, die durch große Trusts betrieben werde, zeige sich, dass

> „Privateigentumsverhältnisse eine Hülle darstellen, die dem Inhalt bereits nicht mehr entspricht und die daher unvermeidlich in Fäulnis übergehen muss, wenn ihre Beseitigung künstlich verzögert wird, eine Hülle, die sich zwar verhältnismäßig lange in diesem Fäulniszustand halten kann [...], die aber dennoch unvermeidlich beseitigt werden wird" (23).

Da ist der Wunsch Vater des Gedankens. Die Gewinne der Trusts sprudeln durch den Welthandel intensiver denn je und der Imperialismus trägt einiges dazu bei. Lenin konstatiert jedoch eine „unvermeidliche Fäulnis". Er übernimmt Engels' Sichtweise, dass auf dieser Stufe der Entwicklung des Kapitalismus das Produktionsverhältnis nicht mehr dem Stand der Produktivkräfte entspräche und das Privateigentum „unvermeidlich" der Vergesellschaftung der Produktionsmittel weichen würde.

Lenins Abhandlung zum Imperialismus wurde bis in die 1970er Jahre nicht nur in den realsozialistischen Staaten und im maoistischen China, sondern auch in großen Teilen der westlichen Linken als Ergänzung zu Marx' „Kapital" angesehen und viel diskutiert. Einige seiner Behauptungen erfreuen sich bis heute äußerster Beliebtheit, z.B. dass Regierungen Spielball von Konzernen seien und von diesen auch zu Kriegen getrieben werden. Dagegen ist Folgendes einzuwenden: Staaten und ihre Regierungen beurteilen die Lage in der Welt nach anderen Kriterien als Unternehmer. Sehen sie sich von anderen Staaten in ihrer Souveränität behindert oder angegriffen, dann werden, wenn politische Maßnahmen und Drohungen nicht fruchten, Wirtschaftskriege und letztlich auch militärische Kriege geführt, um die feindliche Souveränität in die Schranken zu weisen oder zu beseitigen. Dass im Krieg viele Geschäfte zunichtegemacht werden, widerspricht dem Interesse von Unternehmen – jedenfalls von denen, deren Geschäfte davon betroffen sind. Und die Branche, die in Kriegszeiten noch mehr verdient als in Friedenszeiten, nämlich die Rüstungsindustrie, hat sich, was den Krieg betrifft, staatlichen Interessen unterzuordnen.

Auch eine weitere Behauptung Lenins genießt bei der vom Proletariat enttäuschten Linken großes Ansehen: Auf der Suche nach den Gründen für die Politik der sozialistischen Parteien Europas, vor allem Deutschlands, die sich nicht gegen die kriegerische Politik ihrer Nationen wandten, sie sogar weitgehend unterstützten, findet er die Antwort bei Engels, der sich schon darüber mokierte, dass „das englische Proletariat faktisch mehr und mehr verbürgert", „die Arbeiter [...] flott mit [zehren] von dem Weltmarkts- und Kolonialmonopol Englands" und schließlich das Proletariat „sich von an die Bourgeoisie verkauften oder zumindest von ihr bezahlten Leuten" führen lasse. (24)

Das Proletariat verzichtet auf die Revolution und die Abschaffung des Kapitalismus, weil es mit hohen Löhnen verwöhnt und ihre Führer „bestochen" werden?! Dass „die Bourgeoisie" die zu zahlenden Löhne im Hinblick an einer zu vermeidenden Revolution bemisst, war zu Zeiten Engels genauso wenig richtig wie heutzutage. Der Einsatz der Arbeitskraft muss sich letztendlich „rechnen", also einen Profit ergeben. Das bedeutet nicht, die Löhne absolut gesehen zu reduzieren.[14] Das ist allerdings wieder nicht so zu verstehen, dass diese an alle großzügig ausgezahlt werden – wie sollte sich sonst eine „Schere zwischen Arm und Reich" ergeben. Dieser begegnen einige Staaten mit sozialstaatlichen Maßnahmen, um eine ausufernde Verwahrlosungen der Staatsbürger zu vermeiden. Darin eine „Bestechung" der Arbeiterklasse, von einer „eigentlich" anstehenden

---

14 Marx erklärt im „Kapital" sehr ausführlich, dass „relative" Verbilligung der Ware Arbeitskraft nicht mit einer absoluten Verminderung des Lohns gleichzusetzen ist – das als „Bestechung der Arbeiterklasse" zu interpretieren, wäre ihm nie in den Sinn gekommen.

Revolution abzulassen, zu sehen, überschätzt einerseits den Drang des Proletariats zu einer antikapitalistischen Revolution. Andrerseits wird damit aber auch bezweifelt, dass mit einer gewissen Besserstellung der Arbeiterklasse die Gründe für ein Aufbegehren noch gegeben seien.

Lenins Analyse des kapitalistischen Imperialismus, die auch Prognose sein sollte, ist nicht stichhaltig und wurde auch historisch widerlegt: Der Kapitalismus hat sich, unterstützt von Staatsgewalten und begleitet von Kriegen und Krisen, als bestimmende Produktionsweise in der Welt durchgesetzt und deren Bestehen scheint nicht gefährdet zu sein. Als Lenin 1916 die Abhandlung schrieb, ahnte er auch noch nicht, dass die „Privateigentumsverhältnisse" ausgerechnet in einem Land abgeschafft werden würden, das gemäß dem historischen Materialismus gar nicht die Voraussetzungen für einen Sozialismus oder Kommunismus aufwies.

3.2.2 Das Großkapital „bringt den Kapitalismus um"

Erstaunlicherweise reihte sich in die Reihe derer, die den Untergang des Kapitalismus aus ökonomischen Gründen für unvermeidlich hielten, auch ein Ökonom ein, der sich selbst weder als Sozialist noch als Marxist gesehen hat, nämlich *Joseph A. Schumpeter*. Der anerkannte bürgerliche Ökonom, für den das Studium der Wirtschaftsgeschichte zu den wichtigsten Grundlagen der Wirtschaftswissenschaft zählte, beschäftigte sich in seinem späten Hauptwerk „Kapitalismus, Sozialismus und Demokratie", das er 1942 in den USA fertigstellte und veröffentlichte, mit dem Übergang vom Kapitalismus zum Sozialismus.

Im Vorwort zur ersten amerikanischen Auflage des Buches gibt er einen Überblick:

> „Der erste Teil fasst, auf eine nichttechnische Art und Weise, das zusammen, was ich über die Marxsche Lehre zu sagen habe – tatsächlich habe ich dies während Jahrzehnten gelehrt. [...]

Im zweiten Teil – ‚Kann der Kapitalismus weiterleben' habe ich zu zeigen versucht, dass eine sozialistische Gesellschaftsform unvermeidlich aus einer ebenso unvermeidlichen Auflösung der kapitalistischen Gesellschaft entstehen wird." (25)[15]

Schumpeter hat Marx studiert und dessen Gedankengut an der Universität gelehrt. Er würdigte Marx immer wieder als großen Denker und Wissenschaftler,

---

15 Die weiteren Teile bestehen aus den Kapiteln „Kann der Sozialismus funktionieren" und „Sozialismus und Demokratie".

aber nicht wegen Marx' Erkenntnissen zu Arbeit, Geld und Kapital, sondern wegen der Darstellung des Kapitalismus als historisch entstandene, aber auch vergängliche Wirtschafts- und Gesellschaftsform. Er rezipiert Marx aus dem Blickwinkel dieser „Methodik", die er wie Engels als entscheidende Botschaft von Marx bezeichnet:

> „Durch all das, was mangelhaft oder sogar unwissenschaftlich an seiner Analyse ist, zieht sich ein Grundgedanke, der weder das eine noch das andere ist, – der Gedanke einer Theorie nicht bloß einer unbegrenzten Zahl von unzusammenhängenden Einzelmodellen oder der Logik von ökonomischen Quantitäten im allgemeinen, sondern der tatsächlichen Folge dieser Modelle oder des wirtschaftlichen Prozesses, so wie er abläuft, unter seinem eigenen Dampf, in historischer Zeit, in jedem Augenblick jenen Zustand erzeugend, der aus sich heraus den nächsten bestimmen wird. […] Alle Mängel, die sein Werk verunstalten, müssen wegen dieses großen Zieles, dem sein Argument zu dienen versuchte, anders beurteilt werden […]" (26)

Als Ergebnis der Einsichten von Marx hält er fasziniert nur einen „Grundgedanken" als wissenschaftlich bedeutsam fest, nämlich die Aussage, dass alles aus einem anderen hervorgeht. Dieser logische Fehler, eine Sache damit zu erklären, woraus sie entstanden ist, ist auch im heutigen geisteswissenschaftlichen Betrieb weit verbreitet. Kapitalistisches Geld ist nicht damit erklärt, dass seine Entwicklung aus dem Feudalismus beschrieben wird (vielmehr gilt es zu analysieren, welche Funktionen es im Kapitalismus hat), und dem Kapitalismus ist auch nicht zu entnehmen, dass er von einer anderen Ökonomie abgelöst werden wird.

Schumpeter will Ökonomen und Politiker darauf aufmerksam machen, dass eine kapitalismusfördernde Wirtschaftspolitik den Untergang des Kapitalismus zwar verzögern, aber nicht verhindern kann. Welche Gründe führt er nun für „die unvermeidliche Auflösung der kapitalistischen Gesellschaft" an? Wie bei Engels ist bei Schumpeter der Ausgangspunkt für den „unvermeidlichen Übergang zum Sozialismus" die Bildung von Großunternehmen, Konzernen, Aktiengesellschaften. Wie Engels (und auch ähnlich wie Lenin) konstatiert er, dass die Geschäftsführungen die Großunternehmen nur mehr verwalten und der ursprüngliche Kapitalist, der innovativ ist und, das Risiko nicht scheuend, mit Herz für seine Firma kämpft und sie und damit den Kapitalismus voranbringt, immer mehr ins Abseits gerät.

> „Die vollkommen bürokratisierte industrielle Rieseneinheit verdrängt nicht nur die kleine oder mittelgroße Firma und ‚expropriiert' ihre Eigentümer, sondern verdrängt zuletzt auch den Unternehmer und expropriiert die Bourgeoisie als Klasse, die in diesem Prozess Gefahr läuft, nicht nur ihr Einkommen, sondern, was unendlich wichtiger ist, auch ihre Funktion zu verlieren. Die wahren Schrittmacher des Sozialismus

waren nicht die Intellektuellen oder Agitatoren, die ihn predigten, sondern die Vanderbilts, Carnegies und Rockefellers." (27)

Mit der Tendenz im Kapitalismus, dass kleinere Unternehmen vom Großkapital verdrängt werden, sieht er auch die Bourgeoisie verschwinden – so als ob die Großkapitalisten gar nicht mehr dazugehörten. Er bestimmt die „Klasse" nicht wie Marx ökonomisch, nämlich als Eigentümer von Produktionsmitteln, Handelskapital, Finanzkapital und Immobilien (und auf der anderen Seite die Arbeiter als Eigentümer der Ware Arbeitskraft), sondern gemäß der Funktion, für den Fortschritt des Kapitalismus zu sorgen, und zwar nicht schlicht dadurch, ihr Kapital möglichst gewinnbringend einzusetzen, sondern mit ihren Fähigkeiten und Charaktereigenschaften:

> „Zuversichtlich außerhalb der vertrauten Fahrrinne zu navigieren und diesen Widerstand zu überwinden, verlangt Fähigkeiten, die nur in einem kleinen Teil der Bevölkerung vorhanden sind und die sowohl den Unternehmertyp wie auch die Unternehmerfunktion ausmachen." (28)

Schumpeter stilisiert diesen Unternehmertyp zum „Ritter" hoch, der sich mit Leib und Leben für seine Firma einsetzt und dem Spruch „navigare necesse est, vivere non necesse est" (29) gerecht wird:

> „Der Führende hat heutzutage keine Gelegenheit mehr, sich in den Kampf zu stürzen. Er wird zu einem Bureauarbeiter mehr, zu einem, den zu ersetzen nur selten noch schwer halten wird." (30)

Er sieht den Untergang des Kapitalismus damit besiegelt, dass dieser klassische Unternehmertyp, der Kopf und Kragen riskiert und damit einen Prozess der „schöpferischen Zerstörung" alles Althergebrachten vorantreibe, aussterbe. Abgesehen davon, dass dieser Typus bis heute nicht ausgestorben ist – siehe etwa die Gründer von Microsoft und Apple, die ihre ersten Produkte in einer Garage entwickelten –, stimmt es auch nicht, dass sich dadurch etwas am Wesen des Kapitalismus ändern würde, dass der Kapitalismus behäbiger und träge und der Fortschritt gehemmt würde, weil nun Vorstände und Aufsichtsräte das Kapital „verwalten". Die heutigen Riesenunternehmen sind nicht weniger innovativ als die Kleinunternehmer (und übrigens auch große Unternehmen) anno dazumal – der internationale Konkurrenzkampf gebietet ständige Innovationsbereitschaft.

Nach Schumpeter hätte der Kapitalismus seine historische Mission damit erfüllt und ein sozialistischer Staat könnte die Großunternehmen übernehmen und die Ökonomie mit einer Zentralverwaltungswirtschaft viel besser „navigieren" als die auf Eigennutz ausgerichteten Aktionäre und deren Funktionäre. Letztendlich würde, wie bei Engels, auch der Staat überflüssig werden. Bezüglich des Zeitraums dieses Übergangs in den kapitalistischen Ländern legte er sich nicht fest: Es könne rasch gehen oder Jahrhunderte dauern. Jedenfalls sei die „Tendenz auf eine andere Zivilisation hin" (31) unaufhaltsam.

Der Impetus Schumpeters, der keineswegs als Sozialist galt, diese These aufzustellen, lag in seinem Interesse an der Entwicklung der Wirtschaftsgeschichte. Er versteht sich als Aufklärer innerhalb der bürgerlichen Ökonomie, die auf Basis ihrer Modelle das gute Funktionieren des Kapitalismus gewährleisten will: Es habe keinen Sinn, den alten Kapitalismus retten zu wollen – die Ökonomie und damit das Bewusstsein der Leute schreiten unaufhaltsam in Richtung Sozialismus voran.

Seine Theorie basiert nicht nur auf einer falschen Charakterisierung des Kapitalisten sondern auch auf der eigenwilligen Anwendung der Methodik des „historischen Materialismus", die weiter oben kritisiert wurde.

3.3 Der Kapitalismus scheitert an seinen ökonomischen Widersprüchen

Vielfach wird in gesellschaftskritischen Analysen der Standpunkt vertreten, dass der Kapitalismus über kurz oder lang an seinen ökonomischen Problemen bzw. Widersprüchen scheitern würde. Einige dieser „Widersprüche" sollen im Folgenden näher beleuchtet werden.

3.3.1 Der „tendenzielle Fall der Profitrate"

Marx erläutert im ersten Band des „Kapitals" die Wertproduktion, die Bildung des Werts einer produzierten Ware. Dieser Wert wird gebildet aus v + m + c. Der Einsatz der Arbeitskraft– als Wertbestandteil der Lohn (v = variables Kapital) – schafft den Mehrwert (m) für den Kapitalisten. Das konstante Kapital (c) – also alle für die Produktion der Ware notwendigen zusätzlichen Wertbestandteile, z. B. Maschinen und Rohstoffe – wird in der Produktion wertmäßig „übertragen", schafft also per se keinen zusätzlichen Wert, keinen Mehrwert. Die Mehrwertrate ist das Verhältnis von m zu v. Marx erklärt ausführlich, wie diese Rate vom produktiven Kapital gesteigert werden kann.

Im dritten Band des „Kapitals" beleuchtet er das Verhältnis von m zu v + c, also die sogenannte Profitrate. Bei fortschreitender Produktivität des Kapitals wird nun c in Relation zu v und m immer größer und damit nimmt bei gleichbleibender Mehrwertrate die Profitrate ab. Anders ausgedrückt bedeutet das, dass der Anteil des Mehrwert schaffenden v bei der Wertproduktion in Relation zum Gesamtwert immer kleiner wird damit auch m im Verhältnis zu v + c.[16] So manche leiten aus dieser wertmäßigen Entwicklung den selbstgeschaffenen Untergang des Kapitalismus ab: Mit diesem Problem, das wie ein Naturgesetz walte, könne er langfristig nicht fertigwerden.

Es ist nicht zu bestreiten, dass dieses ökonomische „Gesetz", wie es Marx bezeichnet, seine Wirkung im Kapitalismus entfaltet. Allerdings schwächt Marx selbst die Mächtigkeit des Prinzips mit der Bezeichnung „tendenziell" etwas ab und führt einige Argumente an, die dem „Fall" entgegenwirken: Erhöhung des Exploitationsgrads der Arbeit, Verbilligung der Arbeitskräfte durch Lohndrückerei (Konkurrenz der Arbeitskräfte), Verbilligung der Lebenshaltungskosten der Arbeiter, Verbilligung der Bestandteile des konstanten Kapitals, Verlagerung der Produktion in Billiglohnländer. Einfluss auf die Profitrate des produktiven Kapitals haben auch Krisen, in denen es zu einer allgemeinen Entwertung von c kommen kann bzw. zu einer Veränderung der Konkurrenzverhältnisse in den Branchen. Die staatliche Wirtschaftsförderung und Steuerpolitik ändert zwar nichts an diesem ökonomischen „Gesetz", beeinflusst jedoch ebenfalls die Nettoprofithöhe der Unternehmen.

Marx weist auch darauf hin, dass die Profitrate ein Relationsverhältnis ist und sich die absolute Masse des Profits entgegengesetzt zum Fallen der Profitrate verhält:

> „Also dieselbe Entwicklung der gesellschaftlichen Produktivkraft der Arbeit drückt sich im Fortschritt der kapitalistischen Produktionsweise aus einerseits in einer Tendenz zu fortschreitendem Fall der Profitrate und andrerseits in beständigem Wachstum der absoluten Masse des angeeigneten Mehrwerts oder Profits." (32)

Und er machte auch darauf aufmerksam, dass die Entwicklung der Produktivkräfte nicht darauf hinauslaufe, die menschliche Arbeit generell zu vermindern oder gar überflüssig werden zu lassen, wie etwa in einer vernünftig organisierten Produktionsweise. Dem Kapital kommt es auf menschliche Arbeit als mehrwertschaffende an, das allerdings immer als Relation, bezogen auf den Lohn (v) bzw. auf das Gesamtkapital (v + c), oder, anders ausgedrückt, als Überschuss über das vorgeschossene Kapital:

> „Die Entwicklung der Produktivkraft ist ihr [der kapitalistischen Produktionsweise – Anm. d. Verf.] nur wichtig, sofern sie die Mehrarbeitszeit der Arbeiterklasse vermehrt, nicht die Arbeitszeit für die materielle Produktion überhaupt vermindert." (33)

---

16 Konsequent weitergedacht liefe das bei einer Vollautomatisierung, also ohne bzw. geringe Beteiligung des mehrwertbildenden v, auf eine Profitrate von 0 oder nahezu 0 hinaus.

Festzuhalten ist, dass nach gut 170 Jahren Produktivkraftsteigerung das konkurrenzfähige produktive Kapital nach wie vor Profite einfährt, die die Produktion von Waren lukrativ erscheinen lassen, und es ständig daran dreht, diese noch höher ausfallen zu lassen. Enorme Profite werden übrigens auch von Unternehmen eingefahren, die mit dem klassischen produktiven Kapital wenig gemein haben.

In dem Bestreben des Kapitals, die Produktivkräfte ständig zu steigern, was in den meisten Fällen darauf hinausläuft, c im Verhältnis zu v zu erhöhen, ergeben sich aber auch Verwertungsprobleme:

> „Die ungeheure Produktivkraft, im Verhältnis der Bevölkerung, die innerhalb der kapitalistischen Produktionsweise sich entwickelt und, wenn auch nicht im selben Verhältnis, das Wachsen der Kapitalwerte (nicht nur ihres materiellen Substrats), die viel rascher wachsen als die Bevölkerung, widerspricht der, relativ zum wachsenden Reichtum, immer schmaler werdenden Basis, für die diese ungeheure Produktivkraft wirkt, und den Verwertungsverhältnissen dieses schwellenden Kapitals. Daher die Krisen.“ (34)

Marx formuliert diesen Sachverhalt an einer anderen Stelle so:

> „Der letzte Grund aller wirklichen Krisen bleibt immer die Armut und Konsumationsbeschränkung der Massen gegenüber dem Trieb der kapitalistischen Produktion, die Produktivkräfte so zu entwickeln, als ob nur die absolute Konsumationsfähigkeit der Gesellschaft ihre Grenze bilde.“ (35)

Das den Mehrwert schaffende v vermindert sich relativ zu c, und dies hat auch Auswirkungen auf den Konsum: Die zahlungskräftige Nachfrage der „Masse“ bleibt hinter den Verwertungsbedürfnissen des Kapitals zurück, was Marx auch als Überproduktions- bzw. Überakkumulationskrise bezeichnet. Zu viele Waren in Relation zur zahlungsfähigen Nachfrage fluten periodisch den Markt. Wenn von dem Stocken der Geschäfte nicht nur einzelne Unternehmen, sondern eine ganze Branche oder mehrere betroffen sind, bahnt sich eine allgemeine Krise an. Die Kreditzinsen steigen, Investitionen werden zurückgefahren – dies trifft wiederum die Investitionsgüterproduktion –, es werden weniger Rohstoffe und Energie gebraucht und nachgefragt, die Arbeitslosigkeit steigt, die „Konsumationsfähigkeit“ wird weiter reduziert, eine Abwärtsspirale erfasst die Ökonomie. Dazu mehr im folgenden Kapitel.

3.3.2 Die „finale Krise“

Krisen sind Bestandteil des Kapitalismus, wie auch der Boom. Nach einer mehr oder minder stark ausfallenden, mehr oder minder lang dauernden Krise, in der eine Menge Kapital entwertet wird, kommt es auch wieder zu Boomphasen, die schließlich wieder in einer „Blasenbildung" gipfeln. Umgebracht wurde der Kapitalismus durch seine Krisen bis jetzt nicht. Dennoch sehen viele in der globalen Finanzkrise 2008/2009 den Beginn der „finalen Krise" des Kapitalismus, von der er sich nicht mehr erholen würde. So schrieb etwa *Manfred Sohn*, ein ehemaliger Politiker der deutschen „Linken", im Jahr 2013:

> „Wir erleben in diesen Monaten und Jahren den Beginn der finalen Krise des kapitalistischen Systems." (36)

Heftige und lang andauernde Krisen hat es immer wieder gegeben, seit es den Kapitalismus gibt: die Krisen im 19. Jahrhundert (u. a. 1857, 1873–1896), die Weltwirtschaftskrise 1929, die Ölkrisen 1973 und 1979/1980, die Dotcom-Blase (2000), die Finanz- und Wirtschaftskrise ab 2008, um nur einige von vielen zu nennen. Sie brachten massive Entwertungen von Kapital, Bankrotte von Betrieben und Staaten und eine Verschlechterung der Lebensbedingungen für große Teile der Bevölkerung mit sich.

Die Besonderheit der Krise 2008/2009 bestand darin, dass sie hauptsächlich den Bankensektor und in der Folge auch Staaten in schwere Bedrängnis brachte. Wie kam es dazu?

Nach dem 2. Weltkrieg wurde mit der geänderten weltpolitischen Lage auch das Währungssystem neu geordnet. Der Dollar war nun nicht nur Leitwährung, sondern wurde auch aufgrund der ökonomischen Überlegenheit des amerikanischen Kapitals und unterstützt von der US-Außenpolitik und der mächtigsten Armee der Welt zum in der kapitalistischen Welt allgemein anerkannten Geld. Dollars wurden überall akzeptiert und oft der heimischen Währung vorgezogen. Der Welthandel (ausgenommen der Handel zwischen den sozialistischen Staaten) wurde hauptsächlich in Dollar abgewickelt. Die Aufhebung des Goldstandards 1973 war der Durchbruch des freien Devisenhandels, der flexiblen Wechselkurse, und damit wurde auch der letzte Bezug des Geldes auf den stofflich produzierten Reichtum getilgt. Auf den internationalen Finanzplätzen der Welt wurden Schuld- und Eigentumstitel der verschiedensten Art gehandelt, auch das „Hedgen" von Währungen kam in Mode und daraus wurden Spekulationstitel wie Options und Futures kreiert. Das Kreditsystem erfuhr überdies eine Ausweitung durch Deregulierungen des Finanzsektors.

Die Krise 2008/2009 hatte ihren Ausgangspunkt letztendlich in der „Armut der Massen" (siehe Marx weiter oben), die in den USA ihre Hypothekenkredite zunehmend nicht mehr bedienen konnten, was im weiteren Verlauf einen Verfall der Immobilienwerte mit sich brachte. Dadurch wurden zuerst Investmentbanken und dann alle anderen Banken in einen Entwertungsstrudel gerissen. Immobilienwertpapiere und deren finanztechnische Derivate galten über

Nacht nur mehr als „Ramsch". Der Vertrauensverlust betraf auch andere Wert-
papiere, der ganze Finanzsektor weltweit geriet ins Wanken, vor allem nachdem
die Insolvenz der Investmentbank Lehman Brothers nicht abgewendet wurde.
Das Kreditsystem und seine Banken mussten letztlich, um den Blutkreislauf der
Wirtschaft aufrechtzuerhalten, von Staaten gestützt und durch massive Interventionen mit Eigenkapital ausgestattet werden. Dafür weiteten die Staaten ihre
Schulden beträchtlich aus, was im Weiteren zur Staatsschuldenkrise führte. Die
in den folgenden Jahren eintretende Kreditklemme löste schließlich eine Krise
des produktiven Kapitals aus.

Krisen gehen nicht nur vom produktiven Sektor aus, sondern oftmals vom
Finanzsektor, und sie können, wie die Krise 2008/2009, auch weltweit Staaten
und ihre Währungen in Misskredit bringen – das Geldsystem selbst bringen sie
aber offensichtlich nicht zu Fall. Massive und lang anhaltende Krisen können
politische Verwerfungen wie soziale Unruhen oder zwischenstaatliche Auseinandersetzungen hervorrufen, die Grundfesten des Kapitalismus, wie Privateigentum, Lohnarbeit und Geld, wurden bis jetzt dadurch nicht erschüttert.[17]
Es ist aber auch illusorisch anzunehmen, dass mit geldpolitischen Maßnahmen oder antizyklischer Konjunkturpolitik Krisen verhindert werden könnten.
Obzwar auch nach der Krise 2008/2009 einiges von den Staaten unternommen
wurde, um das nationale und internationale Bankenwesen auf neue Beine zu
stellen, so werden sich dadurch zukünftige Krisen oder Staatsbankrotte nicht
vermeiden lassen. Die bürgerliche Wirtschaftswissenschaft, die sich bei der
Erklärung der Krisenursache nicht einig ist, hält eisern daran fest, dass Krisen
durch eine geschickte Wirtschafts- und Geldpolitik wenn schon nicht zu vermeiden, so doch abzuschwächen sind. Tatsächlich vermag staatliche Politik einiges,
um das Vertrauen ins Geschäftemachen wiederherzustellen (wie viel sie ausrich-
ten kann, hängt allerdings u. a. auch von der wirtschaftlichen Potenz des Staates ab). Auch das Prognosewesen steht (nicht nur) bei bürgerlichen Ökonomen
hoch im Kurs. Allerdings handelt es sich dabei um eine sehr zweifelhafte Angelegenheit, auch wenn noch so viele Indikatoren beachtet werden. Denn welche
Faktoren die Finanzwelt dazu bewegen, plötzlich ihr Vertrauen in Kreditpapiere

---

17 Selbst die durch Krisen hervorgerufene Verarmung großer Teile der Bevölkerung und
    deren Verbitterung wird nichts bewirken, solange die Verantwortung dafür bei „gieri-
    gen" und „unmoralischen" Bankmanagern oder unfähigen oder korrupten Politikern
    gesucht wird und die Kritik sich nicht auf das ökonomische System, das u. a. auch
    solche Charaktere hervorbringt, bezieht. An der Geschäftsweise des Kapitalismus und
    seinen Konjunkturen würde sich nichts ändern, wenn nur „seriöse" Manager und
    „integre" Politiker am Werke wären.

zu verlieren und auf fallende Kurse zu spekulieren, kann nicht prognostiziert werden.[18]

Krisen sind also im Kapitalismus unvermeidlich. Prophezeiungen wie die eingangs angeführte, dass die aktuelle Krise nun definitiv das Ende des Kapitalismus einläute, sind allerdings nicht nur falsch, sondern auch agitatorisch kontraproduktiv, denn was hat man argumentativ noch im Köcher, wenn die Krise wieder einmal überstanden wurde und der Kapitalismus wieder einigermaßen rund läuft: auf die nächste, nun wirklich finale Krise zu warten?

3.3.3 „Grenzen des Wachstums"

Ein kapitalistisches Unternehmen kann nur dann am Markt bestehen, wenn es auf Dauer gesehen Gewinne macht. Es muss Gewinne machen, die reinvestiert werden, in konstantes und/oder variables Kapital, um den Mehrwert zu lukrieren, der notwendig ist, um in der Konkurrenz zu bestehen. Das wird besser gelingen, wenn das Kapital wächst – die Kapitalgröße ist ein entscheidendes Moment in der Konkurrenz. Die Grenze des Wachstums einzelner Kapitale wird von der Konkurrenz auf dem Markt mitbestimmt bzw. von der Möglichkeit für ein Unternehmen, auf weitere Kredite zugreifen zu können.

Wenn die „Grenzen des Wachstums" von Ökonomen als Problem für die kapitalistische Ökonomie besprochen werden, so ist damit nicht bloß das Wachstum der einzelnen Kapitale gemeint, sondern vor allem die Wirtschaftsleistung einer Nation, meist gemessen mit dem sogenannten Bruttoinlandsprodukt (BIP). Das Wachsen der nationalen Ökonomie, das vor allem den Staat interessiert, beschert diesem in der Regel höhere Steuereinnahmen und auch günstige Refinanzierungskonditionen und das verbreitet die Möglichkeiten staatlicher Politik, u. a. auch im Verkehr mit anderen Staaten. Deshalb wird die Entwicklung des BIP sorgsam von Ökonomen begutachtet und als Grundlage für eine entsprechende Wirtschafts- und Finanzpolitik eines Landes besprochen. Als zu erreichendes Ziel erklären sie ein BIP-Wachstum von mindestens 3 Prozent – niedrigere Wachstumsraten, so der allgemeine Tenor, seien ein Problem für den Staat, weil sie sein Budget übergebührlich belasten, manche meinen sogar, Wachstumsraten unter 3 Prozent stellten eine Gefahr für den Kapitalismus dar.

Bürgerliche Ökonomen sehen in der Erschließung neuer Märkte und in einer gezielten Wirtschafts- und Finanzpolitik einen Ausweg aus der Wachstumskrise, Kritiker des Kapitalismus entdecken darin ein nicht zu bewältigendes Problem.

---

18 Manche Ökonomen versuchten Konjunkturzyklen gar mit dem mehr oder minder starken Auftreten der Sonnenflecken zu erklären.

Zu Letzteren zählt auch *David Harvey*, ein renommierter Autor vieler kapitalismuskritischer Bücher:

> „Betrachten wir also eine Wachstumsrate von 3 Prozent als die Norm. Das ist die Rate, die es den meisten Kapitalisten ermöglicht, eine Rendite auf ihr Kapital zu erwirtschaften. Um jetzt eine befriedigende Wachstumsrate beizubehalten, ist es erforderlich, jedes Jahr profitable Investitionsmöglichkeiten für weitere 2 Billionen Dollar zu finden. Im Vergleich dazu wirken die 6 Milliarden des Jahres 1970 fast bescheiden. Wenn die Schätzungen für das Jahr 2030 stimmen und die globale Wirtschaftsleistung bei 96 Billionen Dollar liegt, werden Investitionsmöglichkeiten für fast 3 Billionen Dollar erforderlich sein. Danach werden die Zahlen astronomisch. [...] Nach einer realistischen Wachstumsperspektive sieht das jedenfalls nicht aus.“ (37)

Harvey zählt in der Folge einige Möglichkeiten auf, weiter Wachstum zu generieren. Doch all die Bemühungen von Staat und Kapital, das Wachstum beizubehalten, seien letztlich zum Scheitern verurteilt:

> „Vielleicht wird das Kapital nicht in einer Sintflut enden. Die Weltbank wird nicht müde, uns zu versichern, dass die kommende Flut der wirtschaftlichen Entwicklung alle Boote wieder flottmachen wird. Treffender wäre wohl die Vorhersage, dass der exponentiell steigende Meeresspiegel und die immer heftiger werdenden Stürme die gesamte Flotte versenken werden.“ (38)

Harvey hält exponentielles Wachstum für unrealistisch. Die Logik der Zinseszinsrechnung, deren Effekt er anschaulich darstellt, soll von nun an gegen das ständig wachsende Kapital sprechen und den Kapitalismus „versenken“. Man fragt sich, weshalb ein Wachstum, das bis jetzt realistisch war, nun plötzlich unrealistisch werden soll.

Außerdem funktioniert der Kapitalismus offensichtlich auch bei Wachstumsraten unter 3 Prozent. In den USA lag die Wachstumsrate in den letzten zehn Jahren durchschnittlich bei knapp 2 Prozent, in Deutschland und Japan weit darunter. Es wäre gewagt zu behaupten, dass der Kapitalismus in diesen Ländern dem Untergang geweiht ist.[19] Ebenso gewagt ist auch die Prognose, dass mit einem Abflachen des chinesischen Wirtschaftswachstums eine Dauerkrise des Kapitalismus ins Haus stünde. Über die Entwicklung der Weltwirtschaft lassen

---

19 In diesem Zusammenhang sei auch die Sorge der Bundesbanken vor einer „ungesunden“ Entwicklung der Wirtschaft erwähnt. Sie sehen diese bei einer Inflationsrate von wesentlich unter und wesentlich über 2 Prozent gegeben. In diesem Sinne versuchen sie durch geldpolitische Maßnahmen eine Inflation von etwa 2 Prozent zu „erwirken“. An ihrer Theorie, dass eine Zunahme an „billigem“ Geld eine Zunahme an Inflation und letztlich auch Wachstum generieren werden sie auch durch den ausbleibenden Effekt zwischen 2009 und 2016 nicht irre.

sich kaum vernünftige langfristige Prognosen machen. Vor 40 Jahren hätte z. B. kein Ökonom die Entwicklung Chinas und deren Bedeutung für die Weltwirtschaft voraussagen können. Wieso sollten langfristige Prognosen in einer Ökonomie, in der selbst kurzfristige ständig revidiert werden, verlässlich sein?

Ein Dauerbrenner bei den Untergangsszenarien ist hingegen die „Verknappung fossiler Rohstoffe", die erstmals in der vom „Club of Rome" 1972 herausgegebenen Studie „Die Grenzen des Wachstums" thematisiert und zur Gefahr für die Weltwirtschaft erklärt wurde. Die Kassandrarufe wurden durch die Ölkrisen 1973 und 1979 noch befeuert und sind auch heute noch zu hören. Gerade in Zeiten steigender Ölpreise nehmen die Warnungen vor dem „Peak Oil" und dessen Folgen für die Entwicklung des Kapitalismus zu, siehe etwa bei *Elmar Altvater*:

> „Heute ist Wachstum in die gesellschaftlichen Verhältnisse, in Produktion, Konsum und Lebenswelt gleichermaßen, als nicht nur ideologischer Diskurs, sondern als faktischer Sachzwang eingeschrieben. [...] Und was ist, wenn der Treibstoff des Wachstums, die fossilen Energieträger, in den nächsten Dekaden ausgehen? [...] Dann ist die Macht der Kongruenz von Kapitalismus und Fossilismus vorbei und die Krise infolge des von Braudel so bezeichneten ‚Anstoßes von äußerster Heftigkeit' unvermeidbar. Sie mag als ‚Energiekrise' so wie 1973, 1981 oder 2004 beginnen. Sie wird zu einer Krise des Produktions- und Lebensmodells, wenn sie nicht einfach durch Zufuhr von fossilen Brennstoffen zu passablem Preis oder durch nicht-fossile Ersatzenergien überwunden werden kann. Dem Wachstum, das zum Fetisch geworden ist und daher ungehemmt fortgesetzt werden müsste, fehlt der Treibstoff: Wachstum ist eben ‚geöltes Wachstum' und ohne Öl bleibt das Vehikel stehen." (39)

Fakt ist, dass die fossilen Energieträger – und Erdöl nicht nur als Energieträger – in der heutigen Ökonomie eine bedeutende Rolle für Produktion und Konsum spielen. Für einige Staaten sind sie auch der bedeutendste Geschäftsartikel, den sie anzubieten haben. Ebenso Fakt ist, dass die fossilen Brennstoffe irgendwann einmal restlos ausgebeutet sein werden. Wann es so weit sein wird, lässt sich heute nicht sagen. Schließlich werden noch immer neue Förderstätten erschlossen und neue Methoden der Rohstoffgewinnung entwickelt. Hohe Energiepreise schaffen neue Geschäftsgrundlagen und Kalkulationen im Kapitalismus, das bedeutet aber nicht zwangsläufig, dass das kapitalistische Wachstum sich abschwächt oder unmöglich wird. (Übrigens geben auch zu niedrige Ölpreise Ökonomen Anlass zur Sorge.)

Es ist auch nicht abzusehen, welche weiteren Anstrengungen die Geschäftswelt unternehmen wird, um sich von der Abhängigkeit der fossilen Brennstoffe zu befreien. Sobald deren Verwertung nicht mehr rentabel betrieben werden kann, werden eben andere Energieträger, bereits existierende oder vielleicht auch neue, in den Vordergrund treten.

In Anbetracht all dieser oben angeführten Prognosen lässt sich nur eine treffsicher aufstellen: Es wird im Kapitalismus auch in Zukunft Wachstumseinbrüche und Krisen geben, die Unternehmen und ihre Beschäftigten oder auch ganze Staaten in Mitleidenschaft ziehen werden. Welche Konsequenzen die davon existentiell Betroffenen daraus ziehen, lässt sich hingegen nicht vorhersagen. Angesichts des derzeit vorherrschenden Bewusstseins kann man allerdings mit hoher Wahrscheinlichkeit darauf setzen, dass sich ihre Wut nicht gegen Privateigentum, Lohnarbeit, Geld und Markt richten würde.

3.4 Die technologische Entwicklung verändert die gesellschaftlichen Verhältnisse

Liegt vielleicht in der technologischen Entwicklung die Sprengkraft zur Aufhebung des Kapitalismus?

Marx hat sich des Öfteren zu dem Verhältnis zwischen den Produktivkräften (organisatorischer und technischer Einsatz der Arbeitskräfte und Arbeitsmittel) und dem Produktionsverhältnis (soziales Verhältnis einer Gesellschaft, also das im Kapitalismus maßgebende Verhältnis zwischen Kapitalisten und Lohnarbeitern) im Hinblick auf die aus beiden entwickelte Produktionsweise geäußert.

In der Schrift „Das Elend der Philosophie" setzt er sich vor allem mit dem Idealismus bei Proudhon auseinander. Er kritisiert dessen Idealismus, indem er diesem seine „materialistische" Erklärung der ökonomischen Verhältnisse entgegenhält (siehe dazu auch Kapitel 3.1.2), und weist u. a. darauf hin, dass nicht die „Ideen", sondern die materiellen gesellschaftlichen Produktionsbedingungen, nämlich die Produktivkräfte die gesellschaftlichen Verhältnisse verändern:

> „Die sozialen Verhältnisse sind eng verknüpft mit den Produktivkräften. Mit der Erwerbung neuer Produktivkräfte verändern die Menschen ihre Produktionsweise, und mit der Veränderung der Produktionsweise, der Art, ihren Lebensunterhalt zu gewinnen, verändern sie alle ihre gesellschaftlichen Verhältnisse. Die Handmühle ergibt eine Gesellschaft mit Feudalherren, die Dampfmühle eine Gesellschaft mit industriellen Kapitalisten." (40)

Diese Formulierung legt nahe, dass mit der Entwicklung der Produktionskräfte, also auch mit einer technologischen Entwicklung, das Produktionsverhältnis verändert wird.[20] Allerdings ist seiner Analyse im ersten Band des „Kapitals" zu entnehmen, dass die Grundlage für die Entwicklung der Produktivkräfte das

---

20 Auch im „Kommunistischen Manifest" und im Vorwort zur „Kritik der politischen Ökonomie" finden sich ähnliche Formulierungen.

Produktionsverhältnis ist. Es wird ausführlich dargelegt, wie mit der Produktion des relativen Mehrwerts der Übergang vom Handwerk zur Industrie vorangetrieben und die technologische Entwicklung dadurch befeuert wird:

> „Mit der Entwicklung des Fabrikwesens und der sie begleitenden Umwälzung der Agrikultur dehnt sich nicht nur die Produktionsleiter in allen anderen Industriezweigen aus, sondern verändert sich auch ihr Charakter. Das Prinzip des Maschinenbetriebs, den Produktionsprozess in seine konstituierenden Phasen zu analysieren und die so gegebnen Probleme durch Anwendung der Mechanik, Chemie usw., kurz der Naturwissenschaften zu lösen, wird überall bestimmend." (41)

Der Drang des Produktivkapitals die Arbeitskräfte produktiver bzw. rentabler einzusetzen, um eine Erhöhung des relativen Mehrwerts zu erzielen und die Wissenschaft dafür einzuspannen, hat seine Grundlage im bestehenden Produktionsverhältnis, also dem ökonomisch-sozialen Verhältnis von Kapitalisten und Lohnarbeitern. Durch die Konkurrenz des industriellen Kapitals wird die Technologie weiter vorangetrieben. Das gesellschaftliche Produktionsverhältnis gibt die Bedingungen für die technologische Entwicklung vor und verändert damit die Produktivkräfte. Wenn dem so ist, dann ist nicht zu erwarten, dass mit einem weiteren Fortschritt der Technologie das kapitalistische Produktionsverhältnis aufgehoben wird.

Einen Einfluss auf den Kapitalismus hatte die technologische Entwicklung zweifellos. Der Markt wurde erweitert, die digitale Vernetzung ermöglicht es nun, dass weltweit rund um die Uhr gehandelt wird, und mithilfe moderner Transportmittel kann die Lieferung, wenn schon nicht „just in time", so doch „in time" erfolgen. Mit der „Industrie 4.0" soll das alles noch effektiver bewerkstelligt werden. Die neuen Kommunikationsmittel ermöglichen auch einen globalen Geldhandel rund um die Uhr und von Sekunde zu Sekunde. Nun sind Computerprogramme, die automatisch auf Kauf- und Verkaufssignale reagieren, damit beschäftigt, aus Geld mehr Geld zu machen. Die moderne Technik beschleunigt also das Geschäft – aber sie setzt es nicht außer Kraft, im Gegenteil.

Auch der Charakter der Lohnarbeit hat sich verändert. Da viele Tätigkeiten in den kapitalistisch entwickelten Ländern heutzutage von Maschinen und Automaten übernommen werden, besteht die Arbeit zunehmend aus Bedienungs- und Überwachungstätigkeiten.[21] Das Verhältnis der Handarbeiter zu den

---

21 Das heißt aber nicht, dass schwere körperliche Arbeit und gesundheitsschädliche Arbeitsbedingungen in absehbarer Zeit im Kapitalismus Geschichte sein werden. Das ist nicht Zweck der kapitalistischen Produktionsweise und deshalb auch nicht der Impetus für die technologische Entwicklung. In denjenigen Bereichen, wo die

Kopfarbeitern hat sich in Richtung Kopfarbeit verschoben, aber diejenigen, die in Arbeit stehen, werden nicht entlastet, sie müssen genauso viel – manchmal auch mehr – arbeiten wie zuvor; die Arbeit wird anders, aber sie wird selten weniger anstrengend. Dass viele Arbeitskräfte überhaupt überflüssig werden, ist, anders als in einer vernünftig organisierten Produktion, wo der Einsatz der Technik dazu führen würde, dass alle weniger arbeiten müssten, kein Segen, sondern ein Schaden für die Betroffenen. Das alles liegt aber nicht an der Technik, sondern am Produktionsverhältnis, an der Kalkulation des Unternehmers.[22] All die vorhandene Technik hat nichts daran geändert, dass die meisten Menschen nach wie vor gezwungen sind, *Lohnarbeit* zu leisten, also ihre Arbeitskraft an einen „Arbeitgeber" zu verkaufen, der trachtet, sie möglichst rentabel einzusetzen.

Trotz all der technologischen Entwicklung, trotz der Produktivitätssteigerung wurde weltweit der Einsatz menschlicher Arbeitskraft nicht verringert. Es entstanden neue Arbeitsbereiche, und der Dienstleistungsbereich wurde im Vergleich zum produktiven stark ausgeweitet – weshalb Ökonomen, die den Dienstleistungssektor in ihre Berechnungen miteinbeziehen, in den letzten Jahrzehnten eine stagnierende oder sinkende Arbeitsproduktivität in den kapitalistischen Metropolen feststellen. Doch auch wenn es im Dienstleistungssektor zu einer weiteren Automatisierung kommt, bedeutet das im Kapitalismus nicht, dass Arbeitskräfte insgesamt gesehen immer weniger gebraucht werden und letztlich überflüssig werden.

Zusammenfassend sei festgehalten, dass sich trotz aller durch die technologische Entwicklung erfolgten Veränderungen der Gesellschaft die grundsätzlichen Bestimmungen des Kapitalismus, nämlich Privateigentum, Lohnarbeit, kapitalistisches Geld bzw. Kapital und Markt nach wie vor maßgebliche Geltung haben und es nicht zu erwarten ist, dass diese mit weiteren Entwicklungen aufgehoben wird. Mit der heute vorhandenen Produktivität und mit relativ geringem menschlichem Arbeitseinsatz könnten alle Menschen mit Gütern, die ein angenehmes, gutes Leben ermöglichen, versorgt werden. Das ist allerdings nicht

---

Handarbeit billiger ist als der Einsatz einer Maschine, wird sie nach wie vor eingesetzt werden Das ist vor allem in sogenannten „Entwicklungsländern" der Fall.

22 Maschinenstürmerei ist heutzutage ebenso wenig angebracht wie zu Marx' Zeit. Die Rückkehr zur „Einfachheit", z. B. in landwirtschaftlichen Siedlungen von Aussteigern oder Alternativbewegungen, die den Kommunengedanken auf Subsistenzbasis und niedrigem technischem Niveau leben, vereinfacht das Leben nicht wirklich. Es ist vielmehr ein entbehrungsreiches und beschwerliches Leben, das ziemlich viel Idealismus erfordert.

der Zweck der kapitalistischen Produktionsweise. Ihr Zweck ist mit dem gesellschaftlichen Verhältnis vorgegeben, das es Kapitalisten durch den produktiven Einsatz von Lohnarbeit ermöglicht, aus einem Geldvorschuss einen Geldüberschuss zu „erwirtschaften", und Geld zu Geldkapital werden lässt.

Trotz dieser wahrnehmbaren Tatsachen veranlasst die Entwicklung der Informationstechnologien Wissenschaftler, wie z.B. *Jeremy Rifkin*, von einer Aufhebung des Kapitalismus zu träumen, da es in Zukunft nur mehr nahezu kostenlose Produkte geben werde:

> „Je mehr Güter und Dienstleistungen, die das Wirtschaftsleben unserer Gesellschaft ausmachen, sich in Richtung Nahezu-null-Grenzkosten bewegen und fast kostenlos zu haben sind, desto mehr wird sich der kapitalistische Markt in schmale Nischen zurückziehen, in denen Unternehmen, die Profit abwerfen, nur am Rande der Wirtschaft überleben."(42)

Langfristig würden Güter und Dienstleistungen mit null Grenzkosten erzeugt werden, sodass „die Profite auszutrocknen beginnen" (43).

Diese Hauptthese von Rifkin stimmt weder hinsichtlich des theoretischen Konstrukts noch hinsichtlich der ökonomischen Realität. Vorerst ist es nicht nachvollziehbar, weshalb sich die Grenzkosten, also die Kosten jeder zusätzlich produzierten Einheit auf null zubewegen. Im Kapitalismus wird, forciert durch die Konkurrenz des Kapitals, ständig eine Stückkostensenkung bzw. eine Senkung der Kosten pro Einheit angestrebt. (Diesen Zwang und seine Methodik beschreibt Marx ausführlich in seinem Werk „Das Kapital".) Aber es ist nicht so, dass dabei überhaupt keine Kosten pro Einheit anfallen bzw. in Zukunft anfallen werden. Es gibt allerdings eine Sphäre in der modernen kapitalistischen Produktion, in der die Herstellung von zusätzlichen Einheiten tatsächlich minimalste Kosten mit sich bringt: die von standardisierter Software, etwa von neuen Versionen der Microsoft Software. Anzunehmen, dass es in Zukunft nur mehr solche Produkte geben wird, ist absurd, wenn man einen Blick auf die materielle Güterwelt des Kapitalismus wirft. Selbst wenn alle stofflichen Güter von 3D-Druckern hergestellt werden, ist nicht einzusehen, weshalb die Grenzkosten auf null fallen sollten.

Ebenso seltsam ist Rifkins Behauptung, dass eine Minimalisierung der Grenzkosten den „Profit austrocknet". Stückkostensenkungen sind ja gerade deshalb ein Muss für jedes Unternehmen, um auf dem Markt zu bestehen und die Profite zu steigern.[23] Auch im Sonderfall der standardisierten Softwareproduktion mit

---

23 Dass es dabei zu Problemen besonderer Art im Kapitalismus kommt, wird im Kapitel über den „tendenziellen Fall der Profitrate" behandelt. Diese haben aber nichts mit den Visionen von Rifkin zu tun.

minimalsten Grenzkosten kann von einer „Austrocknung von Profiten" keine Rede sein, was man z.b. an der Gewinnentwicklung von Microsoft sieht. Und Internetunternehmen, deren Kernprodukt tatsächlich gratis zur Verfügung gestellt wird, wie Google oder Facebook, zählen zu den profitabelsten weltweit. Diese machen derzeit ihr hauptsächliches Geschäft mit Werbeleistungen.

Die Entwicklung, dass viele Informationen heutzutage gratis angeboten werden, sieht Rifkin als Konsequenz einer Tendenz zu einer „Null-Grenzkos-ten-Gesellschaft" und als Indiz für einen unaufhaltsamen Trend von einer auf „Knappheit gegründeten Ökonomie" zu einer „Ökonomie des Überflusses". Die moderne Technologie werde es möglich machen, kostenlos zu produzieren und gratis anzubieten – aber wie das, wenn diese vor allem dazu eingesetzt wird, die Profite zu steigern. Bei Rifkin ist es umgekehrt: In der Verfolgung des Zwecks Profite einzufahren kämen den Unternehmen im Laufe der Zeit die Profite abhanden und der Kapitalismus wäre somit obsolet. Von der Erklärung öko-nomischer Realität hat sich Rifkin mit dieser Vision jedenfalls verabschiedet.

In das gleiche Horn wie Rifkin bläst auch *Paul Mason*:

> „Der Kapitalismus funktionierte, solange er angesichts sinkender Kosten in einem Sek-tor infolge der technologischen Innovation zu Sektoren mit höheren Löhnen, höheren Profiten und teureren Inputs übergehen konnte. Der Kapitalismus reproduziert sich jedoch nicht selbst, wenn das Ergebnis Null-Kosten sind." (44)

Es ist auch diesbezüglich nicht nachzuvollziehen, weshalb das kapitalistische Geschäft gerade mit der neuen (Informations)technologie nicht weitergehen sollte, mit der Produktion von neuartigen Maschinen und neuartigen Produk-ten, mit der Schaffung von neuartigen Arbeitsplätzen, neuen Märkten, jedoch nicht unbedingt „höheren Löhnen". Ebenso wie Rifkin will Mason im Einsatz der modernen Informationstechnologien eine Tendenz zu einer Null-Kosten-Gesellschaft, in der „Maschinen ewig halten und deshalb nichts mehr kosten" (45), erkennen. Wie kommt Mason darauf, dass Maschinen ewig halten werden? Selbst wenn die Haltbarkeit erhöht wird, unterliegen Maschinen einem „mora-lischen Verschleiß" (Marx). Das bedeutet, dass diese im Vergleich zu neueren, produktiveren, qualitativ hochwertigeren etc. veralten und vom Kapitalisten, um im Konkurrenzkampf zu bestehen, durch modernere ersetzt werden müssen. Und auch wenn die Haltbarkeit der Maschinen erhöht wird, fallen Betriebskos-ten an - übrigens auch bei Software, in Form von Lizenz- und Wartungskosten –, also von wegen „Null-Kosten".

Ebenso wie Rifkin erkennt Mason in der modernen Informationstechnologie eine Tendenz zur „Schwächung der Eigentumsrechte" (46) womit längerfristig gesehen der Kapitalismus seine Grundlage verlieren würde. Es stimmt, dass eine

Aushöhlung der Eigentumsrechte dem Kapitalismus abträglich wäre, jedoch ist auch diesbezüglich nicht abzusehen, wodurch diese erfolgen sollte. Wissen, wenn es geschäftstauglich eingesetzt werden kann, wird mit Patenten bzw. anderen Eigentumsrechten geschützt.[24]

Zusammenfassend sei festgehalten, dass die technologische Entwicklung die Produktions- und Lebensweise, aber nicht die politökonomischen Grundbestimmungen des Kapitalismus verändert. Sollte der Kapitalismus beseitigt werden, könnte allerdings einiges der modernen Technik übernommen und einer ausschließlich menschen- und umweltfreundlichen Anwendung zugeführt werden.

Die Beispiele von Engels bis Mason sollten zeigen, dass es ein Fehler ist, sich nicht auf die Erklärung des Kapitalismus und dessen Umgang mit Widersprüchen und sonstigen Problemen zu beschränken, sondern sich darüber hinaus ein Urteil über seinen „notwendigen" Fortgang und Niedergang (oder einen Übergang zum Sozialismus) zu leisten. Ein solches Urteil ergibt sich nicht aus dem Gegenstand der Betrachtung, sondern ist Ausdruck einer Weltanschauung. Aus dem Kapitalismus selbst kann nicht abgeleitet werden, dass er untergehen wird, außer man stülpt ihm ein sachfremdes Prinzip über – was bei linken Theoretikern vor allem dem „Prinzip Hoffnung" geschuldet ist.[25] Die lassen sich auch nicht davon irremachen, dass der Kapitalismus unter staatlicher Betreuung ungeachtet ihrer seit 150 Jahren ertönenden Kassandrarufe von seinem baldigen Zusammenbruch nach wie vor floriert.

---

24 Die von Rifkin und Mason als Zukunftshoffnung festgestellte „Commonisierung" von Wissen und Information, wie z.B. durch Wikipedia und Free Software, wird das Eigentumsrecht darauf und die Geschäfte damit, mit Patenten und Lizenzen versehen, nicht aufheben. Siehe dazu Kapitel 5.4.

25 *Ernst Bloch* widmete dem „Prinzip Hoffnung" über 1.600 Seiten philosophischer Dichtung, auf denen er den Hoffnungsgedanken in all seinen kulturellen Facetten ausbreitet und überall im Denken die „Tendenz hin zu einer uns adäquateren Welt" entdeckt – den Höhepunkt erreiche dieses Denken in der „marxistischen Philosophie". Nun mag das Träumen und Hoffen auf etwas Besseres ja ein wenig Trost bringen, bei der theoretischen Auseinandersetzung mit einem Gegenstand ist es jedoch angebracht, davon Abstand nehmen.

4. Vorschläge zur Umgestaltung des Kapitalismus

Im Folgenden sollen Modelle und Projekte vorgestellt und geprüft werden, deren Ziel es ist, den Kapitalismus so umzugestalten, dass er seine hässliche Fratze verliert und dem Gemeinwohl zuträglicher wird. Von ihren Initiatoren werden sie als kapitalismuskritisch betrachtet - was sie intendieren, ist nicht eine Beseitigung, sondern eine Reform des Kapitalismus.

4.1 Das bedingungslose Grundeinkommen

Die Diskussion über das bedingungslose Grundeinkommen erfreut sich seit Jahren großer Beliebtheit. Kapitalismuskritiker betrachten das bedingungslose Grundeinkommen als Chance für eine Weiterentwicklung des Sozialstaats und sehen darin systemtranszendierende Möglichkeiten. Aber selbst einige bürgerliche Ökonomen können und konnten dem Gedanken etwas abgewinnen (wie z. B. Friedrich August Hayek und Milton Friedman).

Den Ausgangspunkt für die Diskussion bilden sozialstaatliche Überlegungen, die zunehmende Arbeitslosigkeit und Armut effektiver zu verwalten. Derzeit besteht zwar in einigen Staaten mit einem staatlich eingerichteten Sozialversicherungswesen ein Anspruch auf ein mehr oder minder hohes arbeitsloses Einkommen, dessen Bezug ist allerdings bei Lohnabhängigen an die Bereitschaft geknüpft, eine Erwerbstätigkeit aufzunehmen. Aufgrund der zunehmenden Schwierigkeiten, Teile des Proletariats in den Arbeitsmarkt zu integrieren, und auch aus Gründen der Verwaltungsvereinfachung wird von einigen Staaten ein „bedingungsloses Grundeinkommen" angedacht, dessen Bezug an keine Bedingungen geknüpft ist, das also jeder erhalten soll, ob er nun arbeitet oder nicht.

Es gibt verschiedene Modelle zur Gestaltung und Finanzierung eines bedingungslosen Grundeinkommens. Die in der Öffentlichkeit in Erwägung gezogenen gehen davon aus, dass mit der Zahlung eines arbeitslosen Einkommens (in Finnland etwa wird ein monatliches Einkommen von 800 Euro erwogen) auch beinahe alle Sozialleistungen des Staates abgegolten sein sollen, d. h., dass sich der Staat einen Großteil seiner Sozialausgaben erspart und sich dadurch auch die Verwaltung des Sozialstaats verbilligt. Einige der Verfechter des bedingungslosen Grundeinkommens, die allerdings von einer Beibehaltung der Sozialleistungen ausgehen, setzen in Anbetracht der Frage der Finanzierbarkeit die Höhe auch relativ moderat an:

„850 bis eintausend Euro, Kinder/Jugendliche die Hälfte – dies könnte also derzeit die Höhe des Grundeinkommens in Deutschland sein. Dass ein solches Grundeinkommen finanzierbar ist, beweisen unter anderem das Finanzierungsmodell [...]." (1)

Dass die entwickelten kapitalistischen Staaten das finanzieren könnten, soll nicht bestritten werden. Die Frage ist nur, ob sie das wollen – denn eines soll aus ihrer Sicht vermieden werden: dass ihre Bürger sich in die „soziale Hängematte" begeben und ihr ganzes Leben nicht mehr als Arbeitskräfte zur Verfügung stehen. Dementsprechend knapp würde ein Grundeinkommen, wenn es bedingungslos wäre und die Wahrung der Sozialleistungen einschlösse, vom Sozialstaat bemessen sein.[26] Das von einigen Gesellschaftskritikern vorgeschlagene Modell eines bedingungslosen Grundeinkommens für jede Bürgerin und jeden Bürger in der Höhe des Medianeinkommens plus der Inanspruchnahme von kostenlosen Sozialleistungen (z. B. medizinische Versorgung) wäre allerdings systemsprengend. Es würde nämlich für das Proletariat der Zwang zu arbeiten entfallen, Lohnabhängige wären nicht mehr vom Lohn abhängig – damit wäre eine Grundlage des Kapitalismus ausgehebelt. Der moderne bürgerliche Sozialstaat ist Konsequenz der effektiven Ausbeutung der Arbeitskräfte und bezieht sich auf deren Zwangslage, sich dieser Ausbeutung unterwerfen zu müssen. Der Entfall des Zwanges zu arbeiten widerspräche nicht nur dem Kapitalismus, sondern auch dem bürgerlichen Sozialstaat, der eingerichtet worden ist, um eine Verwahrlosung des Staatsvolks so weit zu vermeiden, dass die Staatsordnung dadurch nicht gefährdet wird und die Arbeitskräfte geistig und körperlich für den Arbeitsmarkt fit gehalten werden. Um ein gutes Leben für alle geht es da nicht, und entsprechend sind auch die Sozialleistungen ausgestaltet – sie geraten immer in den Verdacht, zu hoch zu sein, vor allem für diejenigen Bezieher, die nicht mehr als Arbeitskräfte gebraucht werden.

Insofern ist es auch seltsam, die Forderung eines bedingungslosen Grundeinkommens von etwa 1.500 Euro (*Götz Werner*, dm-Gründer) – auch wenn damit alle Sozialleistungen abgegolten sind – an den Sozialstaat zu richten. Das öffentliche Urteil ist schnell gefällt: „Da würde doch niemand mehr arbeiten gehen!" Und das darf nicht sein. Da wird auch dem Hinweis misstraut, dass die Leute auch ohne Zwang arbeiten würden, und zwar mit mehr Freude. An solch eine großzügige Abfindung und die daraus resultierenden Vorteile für ihre

---

26 Der linksorientierte Sozialwissenschaftler *Markus Marterbauer* hält selbst eine Höhe von 800 Euro für unrealistisch und warnt vor einer Abschaffung des Sozialstaats durch ein bedingungsloses Grundeinkommen (ohne Sozialleistungen) als Sparmaßnahme des Staates. Siehe dazu den Artikel in der Wiener Zeitung „Falter" 5/16, S. 7.

Bürger denken staatliche Politiker jedenfalls nicht, wenn sie ein bedingungsloses Grundeinkommen in Betracht ziehen.

Stellen wir - trotz der Unmöglichkeit der Durchsetzung von Werners Modell - folgendes Gedankenexperiment an: Wenn alle (ob sie nun arbeiten oder nicht) ein vom Sozialstaat zugewiesenes Einkommen von 1.500 Euro erhalten, würde im Kapitalismus „der Markt" entsprechend reagieren. Die Preise würden allgemein kräftig angehoben, anders gesagt, die Kaufkraft des Geldes würde sinken und das Einkommen wieder auf die Armutsgrenze drücken. Um das zu vermeiden, müsste der Staat in die Preispolitik der Unternehmen vehement eingreifen, aber damit wäre er ein sozialistischer und kein kapitalistischer Staat. Ein allgemeiner Anstieg der Löhne (als Anreiz zu arbeiten) würde die Preissteigerungen nur noch verstärken und die internationale Wettbewerbsfähigkeit der Nationalökonomie schmälern. Für den kapitalistischen Staat rechnet sich das volkswirtschaftlich also nie und nimmer.

Ein bedingungsloses Grundeinkommen, das den Leuten ein gutes Leben ohne oder mit wenig Arbeit ermöglicht, hat, wie gesagt, durchaus etwas Systemsprengendes. Es würde ihre Abhängigkeit als Lohnsklaven aufheben. Deshalb ist die Vorstellung, Privateigentum, Warenwirtschaft, Markt und Geld beizubehalten und die essentielle Grundlage, nämlich die ausgebeutete Arbeitskraft, von diesen Zwängen abzukoppeln, eine Illusion. Es ist auch nicht einzusehen, wieso ein bedingungsloses Grundeinkommen in beträchtlicher Höhe eine „Übergangsphase" in eine nichtkapitalistische Ökonomie darstellen sollte: Wenn man in der Lage ist, die Grundlage des Kapitalismus, die Lohnarbeit, damit zu untergraben, dann kann man diese auch gleich abschaffen.

Wie beharrlich dennoch an dieser Idee, selbst bei solchen, die sich auf Marx berufen, festgehalten wird, lässt sich beispielsweise an *Karl Reitter* studieren. Er ist mit gewissen „Denkfiguren" des „ML-Marxismus" nicht einverstanden:

> „Was meine ich da mit Denkfiguren? Nun, vor allem die Rede, das Grundeinkommen sei im Kapitalismus unmöglich, im Sozialismus aber überflüssig. Es sei im Kapitalismus unmöglich, weil die herrschenden Klassen es niemals zulassen würden, dass der Zwang zur Lohnarbeit durch ein tatsächliches Grundeinkommen systematisch aufgehoben werde. Ich wüsste nicht, welche Garantie ich jetzt dagegensetzen kann. Zweifellos erfordert die Einführung eine schwierige und langwierige Auseinandersetzung. […] Wir haben von einer langen Transformationsperiode auszugehen, in der die Dinge im Fluss sind. Vielleicht ist die Verwirklichung des Grundeinkommens im Kapitalismus tatsächlich nicht möglich. Umso mehr ist es zu fordern, da es den Weg aus dieser Produktionsweise hinausweist. Mit etwas Ironie wäre also die oben zitierte Kritik zu modifizieren: Das Grundeinkommen mag im Kapitalismus kaum zu verwirklichen sein, umso nötiger ist es für eine Gesellschaft auf dem Weg in den Kommunismus." (2)

Es stimmt, dass einige „Denkfiguren" des „ML-Marxismus" nicht korrekt sind –
aber was stört Reitter an der Feststellung, dass ein Grundeinkommen, das die
Menschen von knechtender Arbeit befreit und ihnen ein gutes Leben ermöglicht, den Grundlagen des Kapitalismus widerspricht und in einer Ökonomie,
in der die Lohnarbeit abgeschafft ist und darauf geachtet wird, dass alle ausreichend versorgt werden, ein solches Grundeinkommen überflüssig ist? Er selbst
bezweifelt ja, dass ein bedingungsloses Grundeinkommen im Kapitalismus zu
verwirklichen sei. Warum ist es dann „umso mehr zu fordern" – und von wem
denn eigentlich? Etwa von einer staatlichen Sozialpolitik, die etwas ganz anderes
im Sinn hat und sie daran zu blamieren?

Allgemeiner formuliert, also nicht nur auf das bedingungslose Grundeinkommen fokussiert, findet sich diese Haltung auch bei *Robert Kurz*, den *André
Gorz* wohlwollend zitiert:

> „Der Kampf um systemimmanente Gratifikationen, um Geld, um staatliche Transfer-
> leistungen und eine Abwehr aller Zumutungen der Krisenverwaltung […] ist weiter
> unverzichtbar für eine Befreiungsbewegung. […] Angesagt ist der kategoriale Bruch,
> d. h. der Übergang vom Kampf um die allgemeinen Lebensinteressen innerhalb der
> Kategorien zu deren Abschaffung. Die Spannung zwischen diesen beiden Momenten
> muss ausgehalten werden." (3)

Die Frage ist, wie aus einem Kampf um die Aufrechterhaltung bzw. den Ausbau
des Sozialstaats, also einem „Kampf um die allgemeinen Lebensinteressen innerhalb der Kategorien", der „Bruch" zum „Kampf um deren Abschaffung" gelingen soll. Dabei hätte man sich zuerst ganz auf die Wachstumslogik der jeweils
nationalen kapitalistischen Ökonomie zu stellen, auf deren Grundlage erst eine
„Umverteilungspolitik" politisch in Erwägung gezogen wird (diesen Standpunkt
vertreten u. a. die Gewerkschaften), um darauf aufbauend dann den Bruch mit
diesem System zu vollziehen? Wie sollte dieser „Übergang" gehen? Kurz ist sich
übrigens über diesen Widerspruch schon im Klaren, wenn er trotzig darauf
besteht, dass „die Spannung zwischen diesen beiden Momenten ausgehalten
werden muss".[27]

---

27 Der ehemalige griechische Finanzminister *Yanis Varoufakis* hat eine ähnliche Sicht-
    weise, wenn er, in Vorträgen darüber spekuliert, wie der Kapitalismus vor sich selbst
    gerettet werden kann, um den Sozialstaat und dessen Ausbau zu retten. Robert Kurz
    hätte allerdings keine Freude mit Varoufakis' Sichtweise gehabt.

Der hoffnungsvolle „Realismus", vom kapitalistischen Sozialstaat ein bedingungsloses Grundeinkommen zu verlangen, das ein gutes Leben ermöglicht, kann nur als Idealismus bezeichnet werden.[28]

4.2 Die „Gemeinwohlökonomie" – eine ethisch fundierte Marktwirtschaft

Die „Gemeinwohlökonomie" ist ein von *Christian Felber* gemeinsam mit *Attac* entwickeltes Modell der Umwandlung des Kapitalismus in eine sozial verträgliche Marktwirtschaft. Es gibt mittlerweile einige Projekte, die versuchen, dieses Modell in die Praxis umzusetzen.

Dabei geht es um eine Gesellschaftsveränderung, die an den ethischen Werten ansetzt. Den „Kern" der Veränderung beschreibt Felber folgendermaßen:

> „In Zukunft sollen auch in den Wirtschaftsbeziehungen die humanen Grundwerte, die das menschliche und gemeinschaftliche Leben gelingen lassen, gefördert und belohnt werden. Dafür müssten wir dem falschen Leitstern – Gewinnstreben und Konkurrenz – den rechtlichen Anreizrahmen ‚abschnallen' und diesen unserem mehrheitsfähigen Leitstern – Vertrauensbildung, Kooperation, Solidarität, Teilen – umschnallen. Der Anreizrahmen für die individuellen Wirtschaftsakteure muss umgepolt werden von Gewinnstreben und Konkurrenz auf Gemeinwohlstreben und Kooperation." (5)

Konkurrenz und Gewinne sind eine Notwendigkeit für eine Gesellschaft, die auf Basis des Privateigentums, der Lohnarbeit, des Marktes und Geldes organisiert ist. Wer also etwas dagegen einzuwenden hat, der könnte auch zu dem Schluss gelangen, dass da mit dem bürgerlichen Recht auch das Produktionsverhältnis „abzuschnallen" wäre.

---

28 Wie mit dem Widerspruch bzw. der „Spannung" umzugehen ist, verdeutlicht André Gorz schon mit dem Titel seines Artikels über das bedingungslose Grundeinkommen: „Seid realistisch – verlangt das Unmögliche". (4) Der *Ernesto „Che" Guevara* zugeschriebene Spruch lautete: „Seien wir realistisch, machen wir das Unmögliche" und bezog sich auf die Einführung einer sozialistischen Wirtschaft nach sowjetischem Muster nach dem Bruch zwischen Kuba und den USA. Die an die Macht gekommenen Sozialisten waren sich der Schwierigkeiten des Aufbaus eines alternativen Wirtschaftssystems bewusst. Doch mit der Sowjetunion als Bündnispartner konnte der für Industrialisierung und Finanzen zuständige Guevara dieses Vorhaben durchaus als realistisch betrachten. Die Studentenbewegung 1968, die die bürgerlichen Verhältnisse ins Wanken bringen wollte und diesen Spruch in gewandelter Form („Seien wir realistisch, verlangen wir das Unmögliche") aufnahm, war im Unterschied zu Guevara nicht an der Macht. Deshalb hatte dieser Spruch etwas Wahnwitziges an sich.

Felber kommt bei seiner Analyse zu einem anderen Ergebnis. Er hält Privateigentum, Lohnarbeit, Markt und Geld recht nützlich für eine Ökonomie, die
sich dem „Gemeinwohl" verpflichtet. Doch einige nicht unerhebliche rechtliche
Änderungen sollten schon vorgenommen werden, um „falsche" durch richtige
(„mehrheitsfähige") Leitsterne zu ersetzen. Er will also Privateigentum, Lohnarbeit, Markt und Geld nicht beseitigen, sondern ethisch „umgepolt" im Sinne
von „Kooperation", „Solidarität" etc. wirken lassen.[29] Die „Würde" des Menschen, die Felber in der Gleichheit vor dem Recht, also in einer demokratischen
Verfassung, schon verwirklicht und gut verankert sieht (6), soll auch in der Wirtschaft zum „höchsten Wert" avancieren.

Es ist nicht verwunderlich, dass der Begriff Würde von Felber erklärt werden muss:

> „Wenn ich die Studierenden in meiner Vorlesung an der Wirtschaftsuniversität frage,
> was sie unter ‚Menschenwürde' verstehen, ernte ich regelmäßig geschlossenes und
> betretenes Schweigen. [...] Das ist umso erschreckender, als die Würde der höchste
> aller Werte ist: Sie ist der erstgenannte Wert im Grundgesetz und bildet die Grund-
> lage der Allgemeinen Erklärung der Menschenrechte. Würde heißt Wert und meint den
> gleichen, bedingungslosen, unveräußerlichen (Kursivsetzungen im Original, Anm. des
> Verf.) Wert aller Menschen. Würde bedarf keiner ‚Leistung' außer der nackten Exis-
> tenz." (7)

Auch nach dieser Erklärung bleibt „Würde" ein dürrer Begriff. Ein gutes Leben
kann damit nicht gemeint sein, schon viel eher die Gleichbehandlung aller dem
(Menschen-)Recht unterworfenen Menschen.

Felber hält sich an Kant, wenn er dann aus dem Begriff der Würde seinen
„kategorischen Imperativ" ableitet:

> „Wir dürfen die andere Person nie instrumentalisieren und primär als Mittel für den
> eigenen Zweck verwenden. Dann wäre es mit der Würde vorbei." (8)

Mit diesem moralischen Prinzip wird jedes Verfolgen eines Eigeninteresses, das
die Mitmenschen einbezieht, desavouiert. Das Kritikable am Kapitalismus ist
nicht die Instrumentalisierung der Mitmenschen, sondern die Schädigung, die
mit ihrer Instrumentalisierung einhergeht. Und zu einer Schädigung kommt es
notwendigerweise, wenn Privateigentümer ihre Arbeitskräfte als Kostenfaktor

---

29 In einer Gesellschaft, in der das Privateigentum aufgehoben ist und für eine bedürfnis-
    orientierte Versorgung gearbeitet wird, die allen ein gutes Leben ermöglicht, bedürfte
    es keiner „Leitsterne" wie Teilen, Solidarität und Kooperation. Diese sind der mora-
    lische Reflex in einer Gesellschaft, in der es systemrelevante Interessensgegensätze,
    Ausschluss vom Reichtum und Konkurrenz gibt

wahrnehmen – daran rüttelt übrigens die Gemeinwohlökonomie nicht. Auch in der Gemeinwohlökonomie treten Privateigentümer auf dem Markt gegeneinander an und lassen ihre Arbeitskräfte täglich arbeiten, um Gewinne zu produzieren, die notwendig sind, damit die Firma gedeiht. Allerdings soll das Privateigentum „begrenzt" werden:

> „Durch die Nichtbegrenzung des Eigentumsrechts sind einige Personen und Unternehmen so reich und mächtig geworden, dass sie die Medien dominieren und politische Prozesse zu ihren Gunsten lenken können. Das widerspricht dem demokratischen Grundprinzip der gleichen Rechte, Chancen und Beteiligungsmöglichkeiten für alle." (9)

Es solle Größengrenzen für Privateigentum und Unternehmen geben, damit die Ungleichheit in der Machtstruktur nicht zu groß wird – damit hat sich Felber in den Reihen der Kleinunternehmer übrigens etliche Anhänger geschaffen. Er sieht die Vergrößerung des Eigentums der Unternehmen nicht als Konsequenz des Wirkens von Privateigentum und Markt und Geld, sondern erkennt darin reines Machtstreben und damit einen Verstoß gegen die demokratischen Grundprinzipien. Das ist deshalb falsch, weil Unternehmen ihre Gewinne steigern und expandieren, um ihre Chancen im Konkurrenzkampf zu verbessern und nicht, um mehr Macht im Staat zu bekommen.[30] Felber stört die Ungleichheit von Groß- und Kleinkapital jedenfalls mehr als die ökonomische Ungleichheit zwischen Kapital und Lohnarbeit. Diese wird auch durch eine Mitarbeiterbeteiligung oder Mitbestimmung nicht aufgehoben. Dass Leute ihre Arbeitskraft verkaufen müssen, weil sie sonst kein anderes kapitalrelevantes Eigentum aufzuweisen haben, und auf ihrer Ausbeutung die Gewinne der Kapitaleigentümer beruhen, ist für ihn keine kritikwürdige Tatsache, ebenso wenig, dass diejenigen, deren Arbeitskraft nicht gebraucht wird, im wahrsten Sinne des Wortes arm dran sind. An dieser Tatsache würde sich auch in einer Gemeinwohlökonomie nichts ändern, in der es laut Felber auch Arbeitslosigkeit geben kann.

Gewinne werden in seinem Modell am Maßstab eines Gemeinwohls bewertet („Gemeinwohlpunkte", die mit staatlichen Förderungen und Steuererleichterungen verknüpft sind) und ihre Verwendung mit einigen Auflagen versehen, wodurch sie sozialethisch veredelt werden:

> „Die Finanzbilanz bleibt weiterhin bestehen, weil es in der Gemeinwohl-Ökonomie nach wie vor Geld und Produktionspreise gibt, sie wird aber zur Nebenbilanz. Der Gewinn

---

30 Ihre Größe nützen sie dann auch, vor allem in den USA, um die politischen Entscheidungen in ihrem Sinne zu beeinflussen. In Europa erfolgt die Einflussnahme vor allem durch die Dachverbände und Interessensvertretungen.

wird vom Zweck zum Mittel. […] Deshalb sollen in Zukunft nur noch solche Investitionen getätigt werden, die einen sozialen und ökologischen Mehrwert schaffen." (10)

Felber hält eisern an den Grundbestimmungen des Kapitalismus fest und versieht diese mit neuen (ethisch einwandfreien) Funktionen. Dass es Gewinne weiterhin geben muss, bestreitet er nicht. Wie diese verwendet werden, da solle sich der Gemeinwohlstaat allerdings schon einmischen. Aber Achtung, auch beim ethisch fundierten Investieren kann, genauso wie in der gegenwärtigen Marktwirtschaft, etwas schiefgehen:

> „Die Möglichkeit des Konkurses ist – neben Geld und privatem (Produktiv-)Eigentum – ein drittes Kriterium dafür, dass es sich bei der Gemeinwohl-Ökonomie um eine Form der Marktwirtschaft handelt." (11)

So weit versteigt er sich in seinem Modell nun nicht, dass er ökonomisches Scheitern für ausgeschlossen hält. Man fragt sich bloß, weshalb ein Privateigentümer sein Geld investieren sollte, wenn es sich nur begrenzt vermehren kann und obendrein noch das Risiko besteht, es ganz zu verlieren. Wozu braucht es überhaupt Privateigentümer, wenn sie sich nicht dem Privat-, sondern dem Gemeinwohl zu widmen haben? Für Felber sind sie Ausdruck der „Freiheit", die in der demokratischen Verfassung als Recht auf Privateigentum festgeschrieben ist. (12)

Auch die Konkurrenz auf dem Markt ist in diesem Modell nicht aufgehoben, sie wird nur durch gemeinwohltaugliche „Kooperation" – die durch staatliche Förderungen markttauglicher werden soll – ergänzt.

Alle Grundbestimmungen des Kapitalismus kommen also in der Gemeinwohlökonomie vor, ja sie sind sogar nützlich, wenn sie im Rahmen einer sozial verträglichen Ethik wirken. Auch Geld würde in der Gemeinwohlökonomie, als „Vollgeld" durch eine „demokratische Bank" verwaltet, seine segensreiche Wirkung entfalten.

Da sich die Gemeinwohlethik nicht von selbst ergibt, sollte die Ökonomie vom Staat bzw. von einem „demokratischen Konvent" in Richtung Gemeinwohl dirigiert werden. Die Marktwirtschaft soll damit nicht abgeschafft, ihr soll vielmehr so zum eigentlichen Durchbruch verholfen werden:

> „Ich plädiere hier für eine liberale und ethische Marktwirtschaft anstelle der gegenwärtigen unethischen Machtwirtschaft. In dieser ist immer mehr Kapitalismus und immer weniger Marktwirtschaft drin. Umgekehrt müsste es sein: Marktwirtschaft ohne Kapitalismus, vollethisch und tatsächlich liberal statt rhetorisch. Liberal meint die gleichen Freiheiten und Rechte für alle, das impliziert die Begrenzung aller Freiheiten, um Machtkonzentration zu verhüten und die tatsächlich gleichen Freiheiten und Chancen

für alle zu sichern. Der Finanzkapitalismus hat uns Marktwirtschaft und Demokratie gemeinsam genommen, und damit die Freiheit. Diese gilt es wiederherzustellen." (13)

Das Finanzkapital nutzt im Kapitalismus wie jedes Kapital die Freiheit, am Markt Geld zu verdienen. In der Geldmacht, die das Finanzkapital hat, erblickt Felber einen Verstoß gegen die Freiheit. Er will die Freiheit des Finanzkapitals begrenzen, um „die Freiheit", was immer er darunter versteht, „wiederherzustellen". Offenbar hat es diese Freiheit schon einmal gegeben, mit dem mächtig gewordenen Finanzkapital ist sie aber abhandengekommen. In Felbers Augen bietet die Marktwirtschaft und das Geld die Grundlage einer Freiheit, die – stark reglementiert – allen zugutekommt. Er vertraut dabei also nicht der „invisible hand" oder einer „List der Vernunft", sondern auf einen Staat, der aus dem schäbigen Kapitalismus eine würdige Marktwirtschaft herbeireglementiert.

Man wird schwerlich einen anderen Kapitalismuskritiker finden, der eine so hohe Meinung von der Marktwirtschaft hat wie Christian Felber. Das erklärt auch seine Beliebtheit in den bürgerlichen Medien.[31]

4.3 Wirtschaftsdemokratie

Es gibt wohl keine politische Idee, die sowohl von Bürgerlichen als auch von Linken so geschätzt wird wie die Demokratie. Auch wenn von Gesellschaftsveränderung die Rede ist, wird sie beschworen und als Mittel zur Transformation des Kapitalismus gesehen.

Der Befassung mit der Wirtschaftsdemokratie als Transformationsprojekt seien noch ein paar Bemerkungen zur Demokratie vorangestellt.

4.3.1 Anmerkungen zur real existierenden Demokratie

4.3.1.1 Volksherrschaft

Es wird oft geflissentlich darüber hinweggesehen, dass die Demokratie eine Herrschaftsform des bürgerlichen Staates ist, eine Herrschaft, in der Gewalt ausgeübt wird – und wie mit dem Begriff bezeichnet, wird die Herrschaft vom Volk ausgeübt.

---

31 Die Gemeinwohlökonomie ist nicht bloß ein Modell einer Ökonomie, sondern mittlerweile auch ein fortgeschrittenes Projekt, das in der Öffentlichkeit auf einiges Interesse und auch Zuspruch stößt, sodass inzwischen auch kleinere Unternehmen, NGOs, öffentlich-rechtliche Institutionen und eine Genossenschaftsbank (Gemeinwohlbank) Bestandteil dieser Initiative sind.

„Die Gewalt geht vom Volke aus – aber wo geht sie hin?", fragt Brecht in seinem Gedicht zur Weimarer Verfassung und problematisiert die Niederschlagung von Volksaufständen durch die Staatsgewalt. Es mutet schon seltsam an, dass „das Volk" die Gewalt an einzelne Mandatare des Volkes delegiert, denen es dann obliegt, sie auch gegen das Volk einzusetzen – oder andersrum: Das Volk gibt die Gewalt an die Regierung weiter, um sich dann als Untertan deren Gewalt zu unterwerfen. Dieses eigentümliche Verhältnis ergibt nur dann einen Widerspruch, wenn die Staatsbürger als Ausgangspunkt für die Gesetzgebung gesehen werden: Wenn Recht gesprochen wird, dann „im Namen des Volkes". Doch um keine Missverständnisse hinsichtlich des Verhältnisses von Staatsgewalt und Volkswillen aufkommen zu lassen, weisen Staatsjuristen auf Folgendes hin:

> „Die Formel ‚Im Namen des Volkes' ist Ausdruck dafür, dass die Rechtsprechung wie alle Staatsgewalt […] vom Volk ausgeht (Volkssouveränität). Die Formel bedeutet nicht, dass der Inhalt der Urteile dem tatsächlichen oder mutmaßlichen Willen der Bevölkerung entsprechen müsste: nicht daran, sondern alleine an das Gesetz ist der Richter gebunden […]." (14)

Es wird also von einem Einklang von Volk und Staatsgewalt ausgegangen, mit dem praktischen Vollzug der Staatsgewalt dieser Einklang allerdings dementiert.

Aus dem Begriff „Volk" erwächst eine „Gewalt". Es wird in der Verfassung gar nicht erklärt, weshalb es die Gewalt braucht, sondern sie wird vorweg unterstellt. Der bürgerliche Staat hat eine Ökonomie eingerichtet, die aufgrund der in ihr bestehenden Gegensätze einiges an Gesetzen (in Sachen Eigentum, Geld, Konkurrenz, Lohnarbeit, Familie etc.) benötigt, damit sie brauchbar dafür ist, die staatliche Souveränität politisch und ökonomisch zu stärken. Diese Gesetze werden vom Staat mit seinen getrennt organisierten Institutionen (Gewaltentrennung) kraft seiner Gewalt durchgesetzt. Die entwickelte Demokratie ist keine Willkürherrschaft, die Gewalt ist nicht von einer bestimmten Person abhängig, sondern verschafft einem Recht Geltung (Rechtsstaat). Dies soll auch durch die sogenannte Gewaltenteilung gewährleistet werden.

Wer bzw. was ist eigentlich „das Volk"? Bei dieser Sammelbezeichnung wird gänzlich von Art und Inhalt der Tätigkeit der einzelnen Individuen, aus denen sich das Volk zusammensetzt, abgesehen – ob sie Arbeiter, Unternehmer, Hausbesitzer, Bauern, Polizisten, Politiker etc. sind. Es bleibt keine andere konstitutive Gemeinsamkeit über als die, Personalbestand eines Staates und als solcher dessen Gewalt unterworfen zu sein. Es ist die Staatsgewalt, die Individuen zu einem Volk macht, die bestimmt, wer dazugehört und ob jemand als Bürger erster Klasse (Staatsbürger), zweiter Klasse (z. B. im Land lebende Personen mit anderer Staatsangehörigkeit) oder als Abzuschiebender bzw. Auszuweisender gilt. In der ideologischen Darstellung wird das Verhältnis umgekehrt: Da wird das Volk zu einer „Gemeinschaft", die ihren Staat und die dazugehörige Gewalt konstituiert.

Es ist also der Staat, der sein Volk definiert und Gewalt über das Volk ausübt – und nicht umgekehrt. Deshalb geht die Kritik Brechts, dass die Gewalt vom Volke ausgeht, aber dann beim Staat bleibt und gegen das Volk ausgeübt wird, an der Sache vorbei, denn die Gewalt war und ist nie beim Volk. Das Volk wird erst durch die vom Staat gesetzte Verfassung zum Souverän insofern es zu gewissen staatspolitischen Alternativen per Kreuzchen Stellung nehmen kann und soll.

4.3.1.2 Freie Wahlen

Nicht zur Wahl steht in entwickelten – also ökonomisch und politisch erfolgreichen – Demokratien

☐ erstens das Rechtssystem, das die Rechte und Pflichten der Bürger untereinander und gegenüber der Staatsgewalt festlegt. Dessen Pflege und Betreuung wird den entsprechenden Institutionen des bürgerlichen Rechtsstaats überlassen. Dazu gehört auch die Bewaffnung einiger Staatsbürger, um den Staat nach innen und außen zu sichern und gegebenenfalls „vorwärts zu verteidigen";
☐ zweitens das Produktionsverhältnis (samt Geld und Geldwesen), das mit diesem Rechtssystem eingerichtet ist, also die Festlegung der Bürger auf ihr Eigentum als Quelle ihres Lebensunterhalts, was für den Großteil der Staatsbürger bedeutet, auf ihre Arbeitskraft verwiesen zu sein. Ihnen gegenüber stehen diejenigen, die andere für die Mehrung ihres Eigentums arbeiten lassen.[32]

Was zur Wahl steht, sind Politikerinnen und Politiker verschiedener Parteien, die sich der in ihrer Redeweise „besonderen Herausforderung" stellen wollen, ihr Staatsvolk „gut zu regieren", d. h., mit dem vorgegebenen Rechtssystem und Produktionsverhältnis bestmöglichen Staat zu machen. Der Hinweis der Politiker, dabei im Sinne „der Menschen" agieren zu wollen, ist schon ziemlich verräterisch, denn er legt nahe, dass das der politischen Praxis nicht immer entnommen werden kann. Mit dem Begriff „Menschen" wird elegant von den Interessensgegensätzen abgesehen, die es notwendigerweise in dieser Gesellschaft gibt. In besinnlichen Momenten weisen dann Politiker darauf hin, dass ihr Amt

---

32 Zu den für das kapitalistische Produktionsverhältnis und der Demokratie charakteristischen Begriffen „Freiheit" und „Gleichheit" wurde im Kapitel 2.1 Stellung genommen.

es nicht allen recht machen kann und sie auf gewisse „Sachnotwendigkeiten", wie
z. B. das Staatsbudget, Rücksicht nehmen müssen.

Einhelliger Tenor herrscht bei den Parteien darüber, dass es „der Wirtschaft"
gut gehen müsse, damit es den Menschen auch gut gehe – auch wenn die Erfahrung zeigt, dass Wirtschaftswachstum weder die Arbeitslosigkeit noch Real-
lohnverluste noch die Armut großer Teile der Bevölkerung beseitigt. Politikern
aller Couleur ist klar, dass Wirtschaftswachstum mehr Geld in die Staatskasse
spült, das anschließend, und da ergeben sich die parteipolitischen Unterschiede,
nach gewissen Gesichtspunkten ausgegeben werden soll. Gepaart mit einer ausgefeilten Steuerpolitik soll dann mehr für soziale Belange, den Umweltschutz,
die Wirtschaftsförderung, die Sicherheitskräfte, die Ausbildung, die Kinder, die
Alten, die Kranken etc. „getan werden" – oder auch umgekehrt daran gespart
werden. Auch unterschiedlichste ideologische Standpunkte werden von den Parteien bedient und dürfen sich der Wahl stellen, solange sie sich mit ihren Anliegen nicht außerhalb des Rechtssystems bewegen: mehr oder weniger Staat, mehr
oder weniger sozial, mehr oder weniger wertkonservativ etc.

In den entwickelten bürgerlichen Demokratien tritt die Ideologie in der
praktisch umzusetzenden Politik dann eher in den Hintergrund. Dann heißt es,
Sachnotwendigkeiten anzuerkennen und das Staatsinteresse durchzusetzen. Da
ist dann schwer auszumachen, ob staatspolitisch wichtige Entscheidungen, wie
z. B. Soldaten in einen Krieg zu schicken, einer linken, rechten, liberalen oder
grünen Gesinnung entsprungen sind.[33] In der Regel wird bei den Wahlen auch
ein Personenwahlkampf geführt. Jede Partei wird von Personen vertreten, die
sich zur Wahl stellen. Sie stehen als Persönlichkeit für die Wahlversprechen, die
sie vor der Wahl propagieren. Selten sind es Fachleute, die ihr Wissen anbieten,
denn auf Wissen kommt es dabei weniger an. Viel mehr gefragt sind Charisma,
Glaubwürdigkeit, Durchsetzungsvermögen, kurz alles, was einen Erfolgsmen-
schen in dieser Gesellschaft ausmacht. Der Wahlkampf wird auf eine „Persönlichkeit" zugeschnitten – auf Plakaten erscheint dann nur mehr ein lächelndes
Konterfei mit einem kurzen Begleittext.

Die personelle Besetzung von einem oder mehreren Regierungsämtern wird
alle paar Jahre zur Disposition gestellt. In entwickelten Demokratien sind das

---

33 Joschka Fischer hat schließlich als Staatspolitiker agiert und nicht als grüner Idealist,
als er den Eintritt Deutschlands in den Balkankrieg erklärte. Dazu hat er nicht das Volk
befragt, sondern seinen Aussagen nach einzig sein Gewissen, das sich letztlich mit der
staatspolitischen Entscheidung vereinbaren ließ. Das Gleiche gilt auch für Obama, den
Friedensnobelpreisträger.

Amt und seine Aufgaben nicht an eine bestimmte Person gebunden, sondern umgekehrt, der Gewählte hat sich voll und ganz dem Staatsinteresse zu widmen und dieses nicht mit seiner privaten Macht- und Vermögensvermehrung zu verquicken. Korruptionsfälle sind zwar nicht selten, aber doch mehr die Ausnahme als die Regel.[34] Im Wahlkampf wird von den Politikerinnen und Politikern jedenfalls alles versucht, nahe beim „Volk" zu sein – nicht ohne ab und zu, kräftig unterstützt auch von der „vierten Gewalt", darauf hinzuweisen, dass die Wählerinnen und Wähler nicht einem plumpen „Populismus" auf den Leim gehen sollten. Wer dem Volk zu sehr aufs Maul schaue und unhaltbare Versprechen mache, der tue dem Staatsinteresse nichts Gutes, heißt es dann.

4.3.2 Wirtschaftsdemokratie als Transformationsprojekt

Während viele Politiker (und auch Bürger) eher eine pragmatische Haltung zur Demokratie einnehmen (so z. B. Winston Churchill mit seiner vielzitierten Aussage: „Demokratie ist die schlechteste aller Regierungsformen – abgesehen von all den anderen Formen, die von Zeit zu Zeit ausprobiert worden sind") und in für die Nation schwierigen Zeiten auch auf die eine oder andere Ausprägung der Demokratie verzichtet wird, neigen Kritiker dieses politökonomischen Systems dazu, die Demokratie als ein ideales Mitbestimmungsmodell zu erachten, so als ob staatliche Gewalt und Kapitalismus nichts damit zu tun hätten. Sie warnen vor Angriffen auf die Demokratie oder beschweren sich, dass es in der Gesellschaft viel zu wenig „demokratisch" zugehe. Sie sehen die Demokratie als politisches Verfahren an, Interessensausgleiche herbeizuführen, und verlieren den Grund für Interessensgegensätze dabei nur allzu oft aus den Augen.[35]

---

34 In weniger entwickelten Demokratien mit geringer oder kaum vorhandener kapitalistischer Reichtumsvermehrung wird das politische Amt als Bereicherungsmöglichkeit gesehen, und Wahlen werden von blutigen Clan- und Stammeskriegen begleitet und/oder zu einer Akklamationsveranstaltung für einen Machtinhaber. Diese etwas andere Art der Herrschaftsausübung wird in der „Ersten Welt" mit der meist rassistisch eingefärbten Be- und Verurteilung kommentiert, dass die Menschen dort nicht „reif genug" für die Demokratie seien.

35 Eine treffende Zusammenfassung des Demokratieidealismus bietet *Peter Klein*: „Der wahre Gläubige lässt sich von den mit der realen Demokratie gemachten Erfahrungen freilich nicht erschüttern. Nach 200 Jahren Demokratisierung, die nichts anderes waren als die Durchsetzung, Entwicklung und Modernisierung des Kapitalismus, gibt es immer noch Idealisten, die die Demokratie für ein antikapitalistisches Projekt halten. Pamphlete, denen zur Occupy-Bewegung oder zum Arabischen Frühling von 2011 nichts anderes eingefallen ist, als zum hundertsten Male die Demokratie auf die

Schließlich wird demokratische Mitbestimmung auch immer wieder als Verfahren gesehen, um eine Transformation des Kapitalismus herbeizuführen. *Peter Fleissner* ist für die „Einführung der Demokratisierung in allen Lebensbereichen":

> „Die Wirtschaft und die öffentlichen Einrichtungen werden besonders in Österreich immer mehr zum Selbstbedienungsladen für die Top-Entscheidungsträger. Offensichtlich fehlt eine hinreichende demokratische Kontrolle. Es wird Zeit, dass die Demokratie, auf die der Norden so stolz ist, ihre eigenen Löcher zu stopfen beginnt. Nach wie vor sind wesentliche Bereiche der Gesellschaft von demokratischen Prozessen ausgenommen. [...] Die Entscheidungsbefugnis ist auf das Spitzenmanagement beschränkt, ein Verwaltungsrat kontrolliert mehr oder weniger gut die Rechtmäßigkeit der Entscheidungen, aber die lohnabhängigen Mitarbeiterinnen und Mitarbeiter der unteren Etagen haben auf die Betriebs- und Investitionsentscheidungen keinen Einfluss." (16)

Angesprochen wird in dem Zitat nicht bloß die Wahl der „Top-Entscheidungsträger", sondern auch die Mitbestimmung bei den Entscheidungen, die in Unternehmen zu treffen sind. Diese solle es auch in kapitalistischen Betrieben für die Lohnarbeiter geben. Seine Forderung impliziert,

> „dass die Betriebe bereits im Besitz der Stakeholder (nämlich der Lohnarbeiter – Anm. des Verf.) wären, eine Annahme, die zwar nötig, aber schwer zu realisieren ist" (17).

Selbst wenn die Betriebe formell den Lohnarbeitern gehören, wie im Falle einiger Genossenschaften, hebt das den Gegensatz zwischen Lohnarbeit und Kapital nicht auf. Entscheidungen sind dann gegen die Entscheidenden durchzusetzen, wenn es die Konkurrenzfähigkeit der Betriebe erfordert. Mit der Mitbestimmung soll jedoch, gemäß den idealistischen Vorstellungen, dem Kapitalismus der giftige Stachel gezogen werden. Die Entscheidungen, egal welchen Inhalts, werden dadurch veredelt, dass alle darüber abstimmen können, auch wenn sie

---

Tagesordnung zu setzen, sprechen eine klare Sprache, ebenso Michael Hardt/Antonio Negri: ‚Demokratie! – Wofür wir kämpfen' (Frankfurt/New York 2012). In früheren Zeiten hatte das ‚Volk' entweder nicht die richtige soziale Zusammensetzung, oder es war politisch unreif, oder die Führer haben moralisch versagt – am Ideal der Demokratie kann es jedenfalls nicht gelegen haben, wenn irgendetwas schiefgelaufen ist mit den diversen Volksbewegungen. Die wahre, eigentliche und echte Demokratie steht wie eh und je zur ‚Verwirklichung' an."(15) Negri und Hardt begeistern sich gleichwohl für den „Arabischen Frühling", die Aufstände in den Pariser Banlieus, die Occupy-Bewegung etc.: Das Demos bewegt sich, das sei ein Ausdruck unmittelbarer Demokratie, und das sei gut so. Was den Inhalt der Proteste angeht und wogegen sich diese richten, ist dann nicht mehr so wichtig. Es sei ihre Gemeinsamkeit, eine „Volksbewegung" zu sein (was übrigens auch nicht stimmt), die sie so bedeutend mache.

nicht anders ausfallen, wenn diese die Unternehmensleitung im Alleingang getroffen hätte. Fällt der Nutzen für die Beteiligten dann bescheiden aus, ist auch nichts mehr zu machen – denn „demokratische" Entscheidungen sind von allen zu akzeptieren.

Richard Detje bezeichnet die „Wirtschaftsdemokratie" als neues Transformationsprojekt, als einen „Versuch eines Neueinstiegs ‚von unten":

> „Kern von Wirtschaftsdemokratie in dem hier diskutierten Verständnis ist die Erlangung eines steuernden, lenkenden und kontrollierenden Einflusses auf die Investitions-, Beschäftigungs- und Arbeitspolitik der Unternehmen und damit auf das Akkumulationsregime." (18)

Der Einfluss solle in den einzelnen Betrieben bis hin zur Europäischen Zentralbank geltend gemacht werden. Als eine Möglichkeit, das zu erreichen, werden „kollektive Fonds" genannt, die von einem Teil der Gewinne der Großunternehmen gebildet werden könnten und an denen die Lohnabhängigen formell beteiligt sind. Die kollektiven Fonds sollen sich, ausgestattet mit entsprechender Kapitalkraft, in die Politik der Unternehmen einmischen und die Interessen ihrer „Stakeholder" durchsetzen, z. B. eine „Verbesserung der Arbeitsbedingungen". Es ist schon ein sehr verwegener Gedanke, erst den Unternehmen die Gewinne zur Bildung der Fonds zu beschneiden, um ihnen dann mit dem Druck der Fonds nochmals die Gewinnerwirtschaftung zu erschweren, indem sie etwa zur Verbesserung der Arbeitsbedingungen oder zum Erhalt von Arbeitsplätzen gezwungen werden. Klarerweise könnte so etwas vom Staat durchgesetzt werden, doch welcher kapitalistische Staat will sich damit seinen Standort, seine Wirtschaft ruinieren? Da setzt er lieber seine Steuerpolitik und sein Arbeitsrecht ein, um einen „Interessensausgleich" zu erreichen.[36] Offenbar soll durch die erweiterte Mitbestimmung die Ausbeutung, der ökonomische Interessensgegensatz zwischen Arbeit und Kapital gar nicht beseitigt werden – dafür bräuchte es statt kollektiver Fonds flächendeckende Streiks –, sondern ausbeutungswerte Arbeitsplätze erhalten bleiben:

> „Mit Wirtschaftsdemokratie als neuem (Kursivsetzung im Original, Anm. des Verf.) Transformationsprojekt wollen wir eine Perspektive von unten ermöglichen, d. h. Demokratisierung am Arbeitsplatz und im betrieblichen Vor-Ort-Bereich. Sie nimmt die wachsenden Ansprüche der Beschäftigten auf Selbstvertretung auf. Wenn die neuen Einsatzkonzepte für ‚lebendige Arbeit' den mitdenkenden und mitentscheidenden Beschäftigten privilegieren, der in der Lage ist, flexibel, kreativ, selbständig und

---

36 Ein von Schweden angedachter Versuch, „kollektive Fonds" als marktwirtschaftliche Ergänzung des Sozialstaats einzurichten, wurde recht bald wieder ad acta gelegt.

eigenverantwortlich zu agieren, so erhöht sich damit gleichzeitig sein Potenzial und Anspruch auf Selbstvertretung. Es geht in der politisch-strategischen Zielsetzung um eine Weiterentwicklung des Ansatzes Demokratisierung im Betrieb, der eben nicht mehr auf die Übertragung politischer Repräsentativstrukturen beschränkt ist, sondern auf weitgehende individuelle und kollektive Selbstvertretung abzielt, die Demokratie im Alltag ernst nimmt. Als Gegenargument wird die Gefahr der wettbewerbspolitischen Einbindung von Belegschaften eingebracht – der Einbindung in die einzelbetriebliche Logik der Standortsicherung und eines Strukturkonservativismus gegenüber ökologischen, rüstungspolitischen etc. Umbaubedarfen. Subjektivierte Arbeit neu einzubringen liefe letztlich auf einen ‚survival oft he fittest' hinaus. Die Gefahr ist real – doch paralysiert darauf zu starren hieße, den neoliberalen Empowerment-Ansatz fortwirken zu lassen. Sich damit auseinanderzusetzen hieße, an entwickelten Ansprüchen an die Arbeit anzusetzen: daran, gute Arbeit an einem guten Produkt zu leisten." (19)

Das, was das moderne Betriebsmanagement sowieso forciert, nämlich „flexibel, kreativ, selbständig und eigenverantwortlich zu agieren", soll gleich umstandslos für die Demokratisierung funktionalisiert werden. Das ist doch nicht bloß eine „Gefahr", sondern schon Betriebsalltag, dass sich die Belegschaft mit guten Ideen einbringt, wie „ihr" Betrieb in der Konkurrenz bestehen kann und ihre Arbeitsplätze erhalten bleiben.[37] Offenbar geht es Detje gar nicht um eine Transformation des Kapitalismus, sondern der Demokratie. Aber das wird von ihm schon gar nicht mehr unterschieden.

4.3.3 DIE LINKE – eine Partei für Wirtschaftsdemokratie und soziale Gerechtigkeit

Die deutsche Partei „DIE LINKE" entstand 2007 aus einem Zusammenschluss der ostdeutschen PDS und der westdeutschen WASG. Die PDS bot nach dem Zusammenschluss von West- und Ostdeutschland Wählern die Verheißung eines Sozialismus mit demokratischem Antlitz, was vor allem in Ostdeutschland eine Alternative für Leute war, die nicht alles am realen Sozialismus schlecht fanden. Durch den Zusammenschluss mit der WASG sollte in Deutschland eine

---

37 Es soll „Konversionsdebatten" geben, wie damals in den 1980er Jahren: „Mit betrieblichen Arbeitskreisen, in denen es selbstverständlich darum ging, den Arbeitsplatz und Standort zu sichern, aber eingebunden in eine Debatte um eine neue Unternehmens- und Strukturpolitik. Und was damals stattfand, ist nicht so weit entfernt von Überlegungen, weshalb Schlecker letztlich pleiteging und wie stattdessen ein kundenfreundliches Servicenetz hätte aussehen können." (20) Ja vielleicht hätte Schlecker mit noch längeren Öffnungszeiten und einer weiteren Verbilligung der Arbeitskräfte erhalten werden können. Dann wären eben die Arbeitsplätze bei den Konkurrenten verloren gegangen.

Kraft links von der SPD entstehen, die ihre Klientel in den sozial Schwachen sieht und in Linken, die der Meinung sind, dass die SPD zu wenig für die sozial Schwachen Partei ergreift. Es besteht der Anspruch, den Kapitalismus zu „verändern" – mit einem konkreten Ziel:

> „Wir kämpfen für eine Gesellschaft, in der kein Kind in Armut aufwachsen muss, in der alle Menschen selbstbestimmt in Frieden, Würde und sozialer Sicherheit leben und die gesellschaftlichen Verhältnisse demokratisch gestalten können. Um dies zu erreichen, brauchen wir ein anderes Wirtschafts- und Gesellschaftssystem: den demokratischen Sozialismus." (21)

Der Unterschied zu den anderen Parteien besteht nicht in den Zielen – welche Partei würde diese Ziele ablehnen? –, sondern darin, wie sie erreicht werden sollen: Ein „anderes Wirtschafts- und Gesellschaftssystem" muss her. Betrachtet man sich die Schwerpunkte des „anderen Systems", so sind vorerst keine großen Unterschiede zu den Zielen der SPD auszumachen: „Kampf gegen die Armut", „soziale Gerechtigkeit", „umweltbewahrendes Wirtschaften", „soziale Sicherheit". Es ist also keine Rede davon, die Verhältnisse kippen zu wollen, also die grundlegenden Merkmale des Kapitalismus zu beseitigen – damit stünde die Partei auch außerhalb des Verfassungsrahmens und könnte gar nicht zur Wahl antreten. Die Besonderheit der „LINKEN" besteht in der negativen Einstellung zum Privateigentum, und zwar nicht generell, sondern zu Konzernen und anderen großen privaten Kapitalen. Nicht durch eine Aufhebung des Privateigentums, sondern durch spezielle Eingriffe in das Privateigentum soll der Kapitalismus in einen demokratischen Sozialismus umgewandelt werden.

Diese Eingriffe bestehen hauptsächlich in Folgendem: erstens in der Überführung der Großbetriebe bzw. Konzerne in Eigentumsformen (genossenschaftliches, staatliches, kommunales Eigentum) und zweitens in einer „Demokratisierung der Wirtschaft":

> „Wir wollen mehr öffentliches Eigentum in verschiedenen Formen. Strukturbestimmende Großbetriebe der Wirtschaft wollen wir in demokratische gesellschaftliche Eigentumsformen überführen und kapitalistisches Eigentum überwinden. [...] Die Beschäftigten müssen realen Einfluss auf die betrieblichen Entscheidungen bekommen. [...] In wichtigen Fragen, etwa wenn Massenentlassungen oder Betriebsschließungen geplant sind, muss es Belegschaftsabstimmungen geben." (22)

Der eigentliche Feind für „DIE LINKE" sind die Konzerne und andere Großbetriebe, die mit ihrer Kapitalmacht in der Wirtschaft den Ton angeben.[38] Ihre

---

38 Laut *Sarah Wagenknecht*, einer führenden Politikerin der „Linken", soll diese Kapitalmacht auch bekämpft werden, um den „Markt" zu retten: „Wir müssen nur den

„Dominanz" soll gebrochen und damit das eigentliche Übel des Kapitalismus beseitigt werden. Wenn die Großen am Markt in Staatsbetriebe (was „DIE LINKE" allerdings weniger schätzt, da es an den realen Sozialismus erinnert) oder Genossenschaften umgewandelt werden, dann wäre „eine gerechte Verteilung des gesellschaftlichen Reichtums" gewährleistet. Und wie soll das möglich sein, wenn die Privatmacht des Geldes, die Lohnarbeit, der Markt und Konkurrenz weiter bestehen bleiben? Das Zauberwort heißt „Demokratisierung". Wenn alle im Betrieb mitbestimmen könnten, dann wäre eine große Bresche in die Klassengesellschaft geschlagen, weil mehr auf die Arbeiterklasse Rücksicht genommen werden müsste. Die betriebswirtschaftliche Kalkulation wird dadurch zwar nicht aufgehoben, sie fände dann allerdings unter reger Beteiligung der Lohnarbeiter statt, die darüber diskutieren, ob es wirklich notwendig ist, alle oder so viele zu entlassen, und wer in den sauren Apfel beißen muss. Die Aufhebung der Klassengesellschaft besteht also in den Augen der „LINKEN" darin, den Lohnarbeitern möglichst viel Mitbestimmung bei betrieblichen Entscheidungen einzuräumen. Wenn das große kapitalistische Eigentum von den Lohnarbeitern verwaltet würde und die Ökonomie somit demokratischer und sozial gerechter wäre, dann wäre der Kapitalismus kein Kapitalismus mehr, sondern „demokratischer Sozialismus". Wenn dies wirklich mit einer flächendeckenden Enteignung verbunden wäre, dann käme es einer Revolution gleich, mit der die bürgerlich-demokratische Verfassung aus den Angeln gehoben würde. Mit solch einem Anliegen wäre „DIE LINKE" nach bürgerlichen Maßstäben keine bürgerlich-demokratische Partei mehr, da nützt ihr ständiges Anbeten der Demokratie auch nichts, denn entschädigungslose Enteignungen stellen laut demokratischer Verfassung einen Verstoß gegen das Grundrecht auf Eigentum dar.

Neben der umfassenden Demokratisierung ist die „soziale Gerechtigkeit" ein zentrales Anliegen dieser Partei. Zwar erklären sich beinahe alle Parteien zum Anwalt dafür, doch „DIE LINKE" fühlt sich als einzig glaubwürdige Streiterin für dieses hehre Anliegen, das so trefflich zum moralischen Gemüt der Staatsbürger passt. Dabei ist der Gerechtigkeitsstandpunkt nichts weiter als das jeweils subjektiv angewandte ideale Recht, das sich auf die Interessensgegensätze

---

Wirtschaftsfeudalismus des 21. Jahrhunderts überwinden. Märkte darf man nicht abschaffen, im Gegenteil, man muss sie vor dem Kapitalismus retten." (23) Auch der Titel ihres 2016 erschienen Buches verrät die Denkweise: „Reichtum ohne Gier. Wie wir uns vor dem Kapitalismus retten". Die an sich gute Einrichtung Marktwirtschaft solle vor dem gierigen Raubtierkapitalismus geschützt werden.

und die Konkurrenz bezieht. Stichhaltige Argumente gegen die Forderung nach sozialer Gerechtigkeit finden sich übrigens bei *Karl Reitter*:

> „Die Forderung nach mehr Gerechtigkeit wird nicht zuletzt in linken Zusammenhängen wie selbstverständlich erhoben. Ein gerechtes Steuersystem, gerechte Löhne, eine gerechte Gestaltung der Wirtschaft, oder einfach Gerechtigkeit an sich – diese Orientierung zählt zu den Grundpfeilern vieler linker Initiativen und Bewegungen. Aber ist diese Ausrichtung tatsächlich so klar und sinnvoll, wie es scheint? Gerechtigkeit ist ein vertrackter Begriff. Ist gerecht, was als gerecht empfunden wird? Was die einen als gerecht empfinden, empfinden die anderen als ungerecht. Mit dem Rekurs auf Empfindungen drehen wir uns im Kreis.

Gerechtigkeit ist zudem in sich widersprüchlich, das zeigt die Debatte von Aristoteles bis zur Gegenwart. Ist es gerecht, dass alle dasselbe bekommen und dieselben Rechte haben, oder erfordert Gerechtigkeit nicht umgekehrt Ungleichheit, die die unterschiedlichen Leistungen, Situationen und Bedürfnisse berücksichtigt? Gleiche Arbeit soll gleich entlohnt werden, aber was ist mit ungleicher Arbeit? Wie groß dürfen Lohnunterschiede sein, damit sie noch gerecht sind? Oder müssen wir andere Unterscheidungen treffen? Müssen etwa Grundrechte für alle gleich sein, materielle Güter aber nach Bedürfnis oder Leistung ungleich verteilt werden? Ist das die Lösung des Gerechtigkeitsproblems? Aber Materielles ist im Kapitalismus stets ungleich verteilt, zweifellos nicht nach Leistung und schon gar nicht nach den Bedürfnissen. Und solange Staaten existieren, sind auch formale Rechte stets ungleich für StaatsbürgerInnen und MigrantInnen. Gerechtigkeit ist nicht nur schwer zu definieren, sie hat auch eine sehr konservative Seite. Marx hat das einmal so ausgedrückt: ‚Statt des konservativen Mottos: Ein gerechter Taglohn für ein gerechtes Tagwerk!, sollte sie [die ArbeiterInnenbewegung, K. R.] auf ihr Banner die revolutionäre Losung schreiben: Nieder mit dem Lohnsystem.‘ Ein gerechter Lohn ist immer noch ein Lohn, setzt also Kapitalismus voraus. Das ist die Crux der Rede von der Gerechtigkeit: Sie verbleibt auf der Ebene einer angestrebten fiktiven Verteilung, lässt die Verhältnisse selbst unberührt. Sie setzt grundlegend die Institutionen der kapitalistischen Gesellschaft voraus. Auch das hat Marx sehr klar ausgesprochen: Ein ‚Inhalt ist gerecht, sobald er der Produktionsweise entspricht, ihr adäquat ist. Er ist ungerecht, sobald er ihr widerspricht. Sklaverei, auf Basis der kapitalistischen Produktionsweise, ist ungerecht; ebenso der Betrug auf die Qualität der Ware.‘ Also sind Lohnarbeit und Profit im Kapitalismus gerecht. Es ist kein Zufall, dass das Thema der Gerechtigkeit zu den Favoriten der bürgerlichen, liberalen Sozialphilosophie zählt. Profit, Eigentum an Produktionsmitteln, Grundbesitz, Lohnarbeit und Warenproduktion, Staat und Polizei; die Existenz all dieser Gegebenheiten lässt sich wunderbar mit Theorien der Gerechtigkeit verbinden.

Auch wenn es immer wieder fälschlich behauptet wird, eine kommunistische Gesellschaft soll nach Marx nicht Gerechtigkeit verwirklichen. Sie soll auf neuen Verhältnissen und Institutionen beruhen." (24) Dem ist nichts hinzuzufügen.

4.4 Degrowth – weniger Wachstum!

Nicht unerwähnt soll auch die sogenannte Degrowth-Bewegung bleiben, die als ökologisch orientiert und kapitalismuskritisch gilt. Wie in viele der neueren Bewegungen bringen sich auch in diese verschiedenste ideologische Strömungen ein. Das folgende Zitat ist einem Grundsatzpapier entnommen, das nach der Leipziger Degrowth-Konferenz (2014) entworfen wurde und sozusagen der kleinste gemeinsame Nenner ist, auf den man sich einigen konnte:

> „Unter *Degrowth* oder *Postwachstum* [Kursivsetzungen im Original, Anm. d. Verf.] verstehen wir eine Wirtschaftsweise und Gesellschaftsform, die das Wohlergehen aller zum Ziel hat und die ökologischen Lebensgrundlagen erhält. Dafür ist eine grundlegende Veränderung unserer Lebenswelt und ein umfassender kultureller Wandel notwendig. Das aktuelle wirtschaftliche und gesellschaftliche Leitprinzip lautet ‚höher, schneller, weiter' – es bedingt und befördert eine Konkurrenz zwischen allen Menschen. Dies führt zum einen zu Beschleunigung, Überforderung und Ausgrenzung. Zum anderen zerstört die Wirtschaftsweise unsere natürlichen Lebensgrundlagen sowie die Lebensräume von Pflanzen und Tieren." (25)

Das im ersten Satz angegebene Anliegen ist so allgemein gehalten, dass es auch den Wahlkampfreden von Politikern, egal welcher Fraktion, entnommen sein könnte – wer sollte dem widersprechen? Aber was soll nun verändert werden, was ist die Kritik an der heutigen Lebenswelt? In dieser Gesellschaft gehe es um „höher, schneller, weiter", und das zerstöre das Zusammenleben der Menschen und die „natürlichen Lebensgrundlagen". An sich ist an diesen Komparativen alleine nicht auszumachen, weshalb sie die Lebenswelt der Menschen beeinträchtigen, und schon gar nicht, weshalb sie die „Konkurrenz befördern". Zur Erklärung der rigorosen Ausbeutung von Mensch und Natur könnte einem schon mehr einfallen als „höher, schneller, weiter" – und zwar, dass sie dadurch zustande kommt, dass sich das Privateigentum, das am Markt gegen Konkurrenten antritt, notwendigerweise vermehren muss, um sich am Markt zu behaupten. Um sich in der Konkurrenz durchzusetzen, kommt es darauf an, dass sich das Kapital mit seinem Einsatz „höher, schneller und weiter" entwickelt. Wen die Ausbeutung von Mensch und Natur stört, könnte auch darauf kommen, den „kulturellen Wandel" durch die Beseitigung von Privateigentum, Lohnarbeit, Geld und Markt herbeizuführen. Davon findet sich allerdings nichts in dem

Statement - statt der Ursachen werden die Wirkungen kritisiert: Als Übel wird das „wirtschaftliche Wachstum" an sich ausgemacht. Demensprechend ergeben sich für die Degrowth-Bewegung folgende Perspektiven: „Verringerung von Produktion und Konsum im globalen Norden", „Entschleunigung" der Lebenswelt und eine „Orientierung an Suffizienz" (nachhaltige Begrenzung des Energiebedarfs) (26).

Die ökonomische Diagnose lautet, es gebe im globalen Norden ein Zuviel an Produktion und Konsum. Demgemäß bestehe die Therapie in „Degrowth":

> „Degrowth bezeichnet ein Gesundschrumpfen der Wirtschaft und der Finanzen, da die Mehrheit bereits über ihre Verhältnisse lebe und ökologische Systeme überstrapaziert." (27)

Es ist schon ziemlich zynisch, der Mehrheit der Menschen in den nördlichen Breiten vorzuhalten, dass sie „über ihre Verhältnisse" lebe, wo doch die meisten (auch in den nördlichen Breiten) schauen müssen, über die Runden zu kommen, und sich nur ab und zu etwas gönnen können, was über die bloße Lebenserhaltung hinausgeht. Noch zynischer ist allerdings die Therapie, die angeboten wird: Das Wohlergehen der Menschen soll durch eine Schrumpfung der (kapitalistischen) Wirtschaft und der Finanzen gesteigert werden. Das, was in Krisen passiert, soll sozusagen als Dauerkur das ökonomische System voranbringen und lebenswerter machen.[39] Jeder würde es unterschreiben, weniger zu arbeiten und sein Leben zu „entschleunigen", würde sich dadurch seine Lebensqualität verbessern. Aber könnte sich die Mehrheit das in einer von Privateigentum und Lohnarbeit geprägten Lebenswelt überhaupt leisten?

Der Aufruf zur „Schrumpfung" wird mit der Warnung versehen, dass es mit dem Ressourcenverbrauch so nicht weiter gehen könne (siehe dazu auch das Kapitel 3.3.3):

> „Durch die begrenzte Belastbarkeit von Ökosystemen und der Verfügbarkeit von natürlichen Ressourcen wäre ein Wachstumsrückgang unausweichlich." (28)

Es wird also ein Wachstumsrückgang prognostiziert – der von der Degrowth-Bewegung sowieso gewünscht wird. Sie will allerdings einen geordneten Rückzug, der eine weitere Vernichtung von Ressourcen verhindert. Auch den Staaten und der Geschäftswelt ist es mittlerweile nicht unbekannt, dass eine rigorose Ausbeutung und Vernichtung natürlicher Ressourcen, aber auch die Belastung

---

39 Was das tatsächlich bedeutet, kann z. B. an der „Austeritätspolitik" Griechenlands studiert werden, aufgrund derer u. a. auch die medizinische Versorgung stark leidet – und das unter einer linksorientierten Regierung.

der Umwelt einen schädigenden Einfluss auf das langfristige Wachstum hat. Und sie unternehmen einiges, damit dieser Fall nicht eintritt, und zwar indem sie den ökologischen Gesichtspunkt zu einem – inzwischen gar nicht mehr unbedeutenden – Geschäft machen. Es ist also keineswegs unausweichlich, dass es aufgrund des „übermäßigen" Ressourcenverbrauchs einen Wachstumsrückgang geben wird – das Tragische ist, dass es ein kapitalistisches Wachstum ist, welches nicht den Zweck hat, die Lebensqualität für alle zu verbessern.

Serge Latouche, der Vordenker der Degrowth-Bewegung, den am Kapitalismus vor allem der üppige Ressourcenverbrauch stört, bezeichnet seine Degrowth-Vision als antikapitalistisch, jedoch nicht deshalb, weil er Privateigentum, Lohnarbeit, Geld und Markt daraus verbannen möchte, sondern weil er die Entwicklung der Produktivkräfte (bzw. der Produktivität) per se als schädlich für Mensch und Umwelt erachtet. Er hält Marx zugute, eine Kritik des Kapitalismus geleistet zu haben, allerdings habe dieser dabei das Wesentliche übersehen:

> „We do not dwell on a specific critique of capitalism, because it seems to us that there is no point in stating the obvious. The critique was, for the most part, put forward by Karl Marx. And yet a critique of capitalism is not enough: we also need a critique of any growth society. And that is precisely what Marx fails to provide. A critique of the growth society implies a critique of capitalism, but the converse is not necessarily true. Capitalism, neo-liberal or otherwise, and productive socialism are both variants on the same project for a growth society based upon the development of the productive forces, which will supposedly facilitate humanity's march in the direction of progress." (29)

Die wesentliche Kritik am Kapitalismus sei, so Latouche, die Kritik an der Entwicklung der Produktivkräfte, von der Marx und Neoliberale irrtümlich annehmen, dass sie „der Menschheit den Weg in Richtung Fortschritt ebnet". Die Kritik von Marx, dass die Entwicklung der Produktivkräfte eine Leistung des Kapitalismus ist, jedoch Mittel zum Zwecke der Profitmaximierung sei und es gelte, dieses Mittel von dem bornierten Zweck zu befreien, damit es tatsächlich allen Menschen zugutekäme, ist Latouche zuwider. Er setzt jede Produktivitätssteigerung mit einer vermehrten Ausbeutung von Mensch und Natur gleich – deshalb lehnt er auch die Marx'sche Vision einer kommunistischen Gesellschaft ab. Ja er könnte sich sogar mit einer Marktwirtschaft auf Sparflamme, in der es nicht auf Wirtschaftswachstum ankommt, abfinden:

> „Can we still talk of money, markets, profits and the wage system in a post-development society? These institutions, which some are too quick to identify with capitalism itself, are not necessarily obstacles in themselves." (30)

Er verweist auf Afrika, wo in einigen Landstrichen zwar Märkte, kapitalistisches Geld und Lohnarbeit existierten, aber nicht die wachstumsgierige Industrie, die den Kapitalismus so unerträglich mache. Die dort tätigen Industrien sind zwar wahrlich kein Segen für die Leute, sodass man sich durchaus fragen kann, ob man nicht besser ohne sie auskommt, aber ist die lokale kleinkapitalistische Marktwirtschaft mit Handwerk und Subsistenzwirtschaft wirklich eine verlockende Perspektive für eine Gesellschaft „beyond capitalism"?

Dass in einer von den kapitalistischen ökonomischen Sachzwängen befreiten Welt das kapitalistische Wachstum keine Rolle mehr spielt und die Produktivität mithilfe von Wissenschaft und Technologie auf ein neues Level gehoben werden kann, mit dem Zweck, die Lebensqualität aller zu verbessern, diese Vision haben diese Wachstumskritiker nicht.

5. Die Entwicklung von ökonomischen Alternativen innerhalb des Kapitalismus

Seit der Entstehung des Kapitalismus gab es auch immer wieder Versuche, die ökonomisch vorgegebenen Bedingungen nicht umstandslos anzunehmen, sondern in einer alternativen Art und Weise zu produzieren.

Bei den im Folgenden behandelten Beispielen handelt es sich um alternative Produktionsformen innerhalb der kapitalistischen Ökonomie, die selbst einen gesellschaftspolitischen Anspruch vertreten und, auch wenn sie selbst keine kapitalismusverändernden Ideen entwickelten, von Linken bzw. Alternativbewegten als Hoffnungsträger für die Aufhebung des Kapitalismus gesehen werden. Sie rückten vor allem in den letzten zwei Jahrzehnten wieder stärker in den Fokus der Kapitalismuskritiker, die von dem Gedanken an eine politökonomische Revolution, die mit einem Schlag den Kapitalismus beseitigt, Abstand nahmen und sich mehr auf alternative Entwicklungen innerhalb des Systems konzentrierten.

An den Anfang wird die Erläuterung der Organisationsform der Genossenschaft gestellt, die die Grundlage für viele alternative Wirtschaftsprojekte bildet.

5.1 Genossenschaften – Unternehmen der besonderen Art

Die Genossenschaft ist eine Unternehmensform, die aus dem Zusammenschluss von Personen oder kleinen Unternehmen entsteht. Diese werden durch das Einbringen eines Genossenschaftsanteils zu Genossenschaftsmitgliedern. Zweck ist es, sich durch den Zusammenschluss besser in der Konkurrenz behaupten zu können und sich dadurch gewisse wirtschaftliche Vorteile zu verschaffen.

Genossenschaften bildeten sich vor allem im Landwirtschaftssektor: Landwirtschaftliche Kleinbetriebe schlossen sich zusammen, um gemeinsam Land zu bearbeiten und landwirtschaftliche Maschinen und Materialien gemeinsam zu nutzen. Auch Konsumgenossenschaften fanden rege Beteiligung, da sie ihren Mitgliedern die durch die stärkere Marktmacht ermöglichten günstigen Einkaufspreise weitergeben konnten. Mit der Verbreitung der Genossenschaften in der Landwirtschaft und im Handel kam es auch zur Gründung von Genossenschaftsbanken. Es wurden Arbeitervereine (*Ferdinand Lassalle*) ins Leben gerufen, um die Stellung der Arbeiter innerhalb der Betriebe zu stärken und Fabriken in Selbstverwaltung zu führen (*Robert Owen*). Bei den sich gleichzeitig entwickelnden politischen Zusammenschlüssen, wie Gewerkschaften und

Arbeiterparteien, wurde im deutschen Sprachraum die Bezeichnung „Genosse" für einen Gesinnungsfreund populär.

Kapitalismuskritiker sehen in den Besonderheiten der Genossenschaft einen Ansatzpunkt zur Überwindung des Kapitalismus. In Anlehnung an die von der International Co-operative Alliance gegebene Definition beschreiben *Brigitte Kratzwald* und *Andreas Exner* die Besonderheiten der Genossenschaften folgendermaßen:

> „Genauer betrachtet unterscheiden sich Genossenschaften durch vier Merkmale von kapitalistischen Unternehmen. Das Förderprinzip besagt, dass ihr Ziel nicht die Kapitalverwertung, sondern die Förderung ihrer Mitglieder ist. Weiterhin gilt das Identitätsprinzip, das heißt, je zwei am Markt getrennte Rollen fallen im Rahmen einer Genossenschaft in eins: Käufer und Verkäufer, Mieter und Vermieter, Schuldner und Gläubiger oder Kapitalist und Arbeiter. Schließlich unterliegt eine Genossenschaft zumindest idealtypisch dem Demokratieprinzip: Unternehmensziele, Geschäftsführung und die laufende Geschäftspolitik sind demokratisch legitimiert, wobei gilt, dass ein Mitglied auch (nur) eine Stimme hat, unabhängig von seiner Genossenschaftseinlage. Burghard Flieger betont, dass diese drei Formalkriterien nicht zur Abgrenzung von Genossenschaften ausreichten, vielmehr müsse auch ein spezifischer Genossenschaftsgeist ausgebildet sein, der allein erst das Solidaritätsprinzip und damit das vierte Merkmal verwirklichen könne." (1)

Sehen wir uns die Besonderheiten genauer an:

Das „Förderprinzip" der klassischen Genossenschaft bezieht sich auf die Förderung der Genossenschaftsmitglieder in „wirtschaftlicher und sozialer" Hinsicht (Wikipedia). Durch den Zusammenschluss von wirtschaftlich schwachen Unternehmen oder Personen kann deren Marktposition verbessert werden, wodurch wirtschaftliche Vorteile für die Mitglieder erreicht werden – sie können kostengünstiger wohnen, einkaufen und manche Genossenschaften betreuen darüber hinaus auch die Kinder ihrer Mitglieder oder kümmern sich um deren kulturelle Belange. Auch wenn das Erzielen von Gewinnen nicht der Hauptzweck der Genossenschaft ist, so ist sie doch darauf angewiesen, denn würde sie nicht profitabel wirtschaften, könnte sie längerfristig auch keine Leistungen für ihre Mitglieder erbringen. Wenn sie sich am Markt nicht behaupten kann, macht sie Pleite – außer sie wird vom Staat subventioniert. Eine Genossenschaft kann sich, was ihre Rechnungsführung betrifft, nicht aus der kapitalistischen Verwertungslogik ausklinken oder sich dem Markt entziehen.

Mit dem „Identitätsprinzip" werden zwei unterschiedliche und manchmal gegensätzliche ökonomische Stellungen in der Person des Genossenschafters zusammengeschlossen, jedoch nicht aufgehoben. Das Mitglied ist einerseits als Kapitaleigner und andrerseits als Kunde, Unternehmer oder Lohnarbeiter in die

Genossenschaft eingebunden. Signifikant ist der Gegensatz vor allem bei einer Industriegenossenschaft. Der Arbeiter ist mit seinen Genossenschaftsanteilen zugleich auch Firmeninhaber und hat somit einerseits das Wohl, also das wirtschaftliche Prosperieren des Unternehmens, andrerseits sein eigenes, also die Höhe seines Lohns, die Arbeitsbedingungen etc., im Auge zu behalten. Wenn eine Genossenschaft als kapitalistisches Unternehmen mit anderen am freien Markt konkurriert, so kann sie sich gar nicht den üblichen Gesetzen der Ausbeutung entziehen, will sie am Markt bestehen bleiben. Dabei immer eine gewisse Rücksichtnahme auf die Arbeiter als Genossenschaftsmitglieder walten zu lassen, erweist sich als Konkurrenznachteil – dies wird auch einer der Gründe sein, weshalb es kaum Industriegenossenschaften gibt.[40] Bei einer Genossenschaft hat jeder Genossenschafter, unabhängig von der Höhe seines Anteils, eine Stimme, was den prinzipiellen Gegensatz nicht beseitigt, jedoch dem „Demokratieprinzip" Genüge tut. Es mag sein, dass sich die Genossenschaftsleitung nicht so leicht tut, die „Basis" der Genossenschaft zu übergehen, und dass grundsätzliche Entscheidungen wohl nicht gegen die Mehrheit der Genossenschafter getroffen werden können. Doch wenn die Genossenschaft als kapitalistisches Unternehmen geführt wird, so wird sich auch eine noch so differenzierte Mitbestimmung nicht der ökonomischen Sachnotwendigkeiten entschlagen können. Damit das „Demokratieprinzip" also voll zur Geltung kommen kann, sei eine dazugehörige Moral vonnöten, nämlich die „Solidarität. Die Genossen hätten sich trotz ihrer ökonomischen Interessensgegensätze zu unterstützen. Dass dies nicht immer gelingt, da dadurch die Gegensätze nicht beseitigt werden, liegt auf der Hand.

Im Folgenden werden zwei Genossenschaften skizziert, die in der gesellschaftskritischen Literatur als hervorstechende alternative Projekte besprochen werden.

5.1.1 Die Mondragón Corporación Cooperativa (MCC)

Die MCC ist eine der wenigen Produktiv- bzw. Industriegenossenschaften, die sich schon lange auf dem kapitalistischen Markt behaupten – und zwar in Konzerngröße mit 75.000 Mitarbeitern.

---

40 Ähnlich verhält es sich, wenn Arbeiter Aktien des Unternehmens besitzen, das sie ausbeutet – allerdings mit dem Unterschied, dass ihre in Relation geringen Kapitalanteile bei Abstimmungen in Generalversammlungen wenig Gewicht haben und sie deshalb die Beschlüsse der Unternehmensführung und der Hauptaktionäre bloß zur Kenntnis nehmen, aber nicht beeinflussen können.

Gegründet wurde diese Genossenschaft 1956 im Baskenland in der Stadt Mondragón auf Basis der sozialen Initiative des Jesuitenpriesters Arizmendiarrieta. Ziel war es, der Bevölkerung in der wirtschaftlich zerrütteten Region Arbeitsmöglichkeiten zu bieten und ihr soziales Elend zu vermindern. Dieses Projekt fand die Unterstützung der Regionalverwaltung des Baskenlandes, und das Franco-Regime opponierte nicht dagegen, da es keine sozialistische oder gar kommunistische Perspektive aufwies. Ein wesentliches Element zur Stärkung der Genossenschaft war die Schaffung einer Genossenschaftsbank, der Caja Laboral. In diese wurden nicht nur die Genossenschaftsanteile einbezahlt (ein Jahresgehalt), über sie wurden schließlich alle Geldgeschäfte der Genossenschaft abgewickelt und darauf aufbauend auch eine eigene Sozialversicherungskasse entwickelt. Im Laufe der Zeit wurden zusätzliche Genossenschaften (u. a. Konsumgenossenschaften, die bekannteste ist die Supermarktkette Eroski) gegründet und in die MCC eingegliedert. Heutzutage ist die MCC ein weltweit agierender Konzern – die ausländischen Betriebe des Konzerns sind nicht genossenschaftlich organisiert, es sind ganz gewöhnliche Unternehmen.

Was sind die Unterschiede zwischen dieser baskischen Genossenschaft und einem herkömmlichen kapitalistischen Großunternehmen?

Erstens wird auf die Mitbestimmung der Beteiligten Wert gelegt, wobei wie bei jeder anderen betrieblichen Körperschaft die Generalversammlung aller Genossenschaftsmitglieder das Kernstück der Mitbestimmung ist. Es wird über grundsätzliche firmenpolitische Maßnahmen abgestimmt und es werden die Mitglieder verschiedenster Gremien, wie z. B. des Aufsichtsrats, gewählt. Der Unterschied zu Aktiengesellschaften besteht darin, dass die Anteilshöhe bei der Abstimmung keine Rolle spielt. Die Mitbestimmung auf allen Ebenen wurde jedoch in den letzten Jahren zurückgefahren, um die Entscheidungsprozesse zu beschleunigen.

Zweitens wurde ursprünglich eine Deckelung der Führungsgehälter auf das Dreifache des niedrigsten Gehalts eingezogen. Um eine Abwanderung fähiger Führungskräfte zu vermeiden, wurde diese Deckelung jedoch im Laufe der Zeit immer mehr angehoben, die höchsten Gehälter liegen heute bei etwa 70 Prozent eines marktüblichen Gehalts.

Drittens gibt es bis heute eine vergleichsweise hohe Arbeitsplatzsicherheit, da man sich bemüht, Arbeitsplatzverluste durch die Schaffung von Arbeitsplätzen in anderen konzerneigenen Betrieben zu kompensieren. Um dies zu gewährleisten, kann es auch zu Lohnkürzungen kommen, die fallweise alle Betriebe betreffen und die mit dem Verweis auf viertens, die Solidarität mit den Genossenschaftern, meistens ohne größere Widerstände durchgesetzt werden.

Fünftens liegt ein Schwerpunkt der Investition der Gewinne auf der Schaffung neuer Arbeitsplätze, die sich aber auch rentieren müssen. Verluste des Betriebes bedeuten, wenn schon nicht den Verlust des Arbeitsplatzes, eine Verminderung der Genossenschaftsanteile der Mitglieder.

Allerdings entwickelte sich die MCC immer mehr zu einem herkömmlichen kapitalistischen Unternehmen, womit sich auch die Unterschiede zu Letzteren immer mehr reduzieren. Die ursprünglichen genossenschaftlichen Prinzipien werden immer weiter ausgehöhlt, marktwirtschaftliche Überlegungen rücken zunehmend in den Vordergrund. In der Selbstdarstellung der Kooperative wird allerdings noch großer Wert auf die Betonung ihrer verblassenden Besonderheiten gelegt.

Gewerkschaften, Sozialisten oder Kommunisten sind bei der MCC nicht erwünscht. Klassenkämpferische Ansätze, Streiks oder Versuche der Vereinnahmung durch die linke Fraktion der ETA werden nicht geduldet und als nicht mit dem baskischen Nationalismus in Einklang stehend erachtet. Erwähnenswert ist noch, dass aufgrund der starken Bindung der Mitglieder an den Betrieb eventuelle Verschlechterungen der materiellen Lebensbedingungen eher in Kauf genommen werden als in einem herkömmlichen Unternehmen.

Die MCC war schon in den Anfängen kein antikapitalistisches Projekt und ist weit davon entfernt, eines zu werden. Die Tendenz geht eher in Richtung Umwandlung in eine Aktiengesellschaft – Mondragón wäre nicht die erste Genossenschaft, die diese Entwicklung nimmt.

Gisela Notz hat zum Thema Produktivgenossenschaften *Rosa Luxemburg* folgendermaßen zitiert:

„In ihrer Schrift ‚Sozialreform oder Revolution‘ bezeichnete sie es als eine ‚Besonderheit der kapitalistischen Ordnung, dass in ihr alle Elemente der künftigen Gesellschaft in ihrer Entwicklung vorerst eine Form annehmen, in der sie sich dem Sozialismus nicht nähern, sondern von ihm entfernen‘. Produktivgenossenschaften inmitten der kapitalistischen Wirtschaft nennt sie ein ‚Zwitterding (…), eine im kleinen sozialisierte Produktion bei kapitalistischem Austausche‘. Da der Austausch in der kapitalistischen Wirtschaft die Produktion beherrscht und, angesichts der Konkurrenz, rücksichtslose Ausbeutung durch die Interessen des Kapitals für die Unternehmen zur Existenzbedingung macht, bestehe auch für die Genossenschaften die Notwendigkeit, die Arbeit möglichst zu intensivieren, je nach Marktlage zu verkürzen und zu verlängern und ‚die Arbeitskraft je nach Anforderungen des Absatzmarktes heranzuziehen oder sie abzustoßen und aufs Pflaster zu setzen, mit einem Worte, all die bekannten Methoden zu praktizieren, die eine kapitalistische Unternehmung konkurrenzfähig machen. In der Produktivgenossenschaft ergibt sich daraus die widerspruchsvolle Notwendigkeit für die Arbeiter, sich selbst mit dem ganzen erforderlichen Absolutismus zu regieren, sich selbst gegenüber die Rolle des kapitalistischen Unternehmers zu spielen.‘ An diesem

Widerspruche musste die Produktivgenossenschaft zugrunde gehen, indem sie sich entweder zur kapitalistischen Unternehmung zurückentwickelt oder, falls die Interessen der Arbeiter stärker sind, sich auflöst." (2)

5.1.2 Cecosesola

Ein viel beachtetes Beispiel einer genossenschaftlichen Kooperative ist die Cecosesola (Central de las Cooperativas de Servicios Sociales del Estado Lara), die ihren Wirkungsbereich in Venezuela im Bundestaat Lara vor allem rund um die Stadt Barquisimeto hat. Etwa 20.000 Leute sind derzeit Nutznießer der Genossenschaft, etwa 1.200 Personen arbeiten hauptamtlich in dieser Kooperative. Der Schwerpunkt der Kooperative sind Märkte (Obst, Gemüse), Gesundheitseinrichtungen und Bestattungsunternehmen, die den Mitgliedern ihr Angebot zu günstigen Preisen, manchmal auch kostenlos zur Verfügung stellen.

Ausgangspunkt dieser Initiative war 1967 die Gründung eines Bestattungsunternehmens, das Bestattungen zu leistbaren Preisen für die heimische Bevölkerung anbot. Es kam zur Gründung von anderen kleinen Genossenschaften, vor allem im landwirtschaftlichen Bereich. Diese Kooperativen schlossen sich zur Cecosesola zusammen, die den Dachverband für die einzelnen Mitgliedsorganisationen bildet. Ziel war und ist es, die Lebensumstände der Bevölkerung zu verbessern, indem den Mitgliedern Güter und Leistungen des Verbandes günstiger als am freien Markt zur Verfügung gestellt werden. Die Cecosesola ist hauptsächlich eine Konsumgenossenschaft, in die auch die regionalen Produzenten miteingebunden werden.

Die Besonderheiten dieser Kooperative, die in der Selbstdarstellung auch besonders hervorgehoben werden, sind die Ablehnung der Einflussnahme von Kirche und staatlicher Politik auf die Vereinbarungen der Mitglieder und ein auf Konsens ausgerichtetes Mitbestimmungsmodell. Auch die Einmischung von Sozialisten, Kommunisten und Gewerkschaften wurde und wird ebenso abgelehnt wie eine Beteiligung an der sogenannten „Bolivarischen Revolution", durch die es zur Gründung von vielen Genossenschaften und Kooperativen in Venezuela kam. Als Kernstück der Kooperative wird die nichthierarchisch orientierte Versammlungs- und Entscheidungsstruktur gesehen, „die auch zur Solidarität der Genossenschaftsmitglieder führte" (3). Besonderer Wert wird darauf gelegt, dass die Entscheidungen im Konsens getroffen werden, wobei wichtige Entscheidungen von einer informellen Führung abgesegnet werden.

Ökonomisch gesehen lebt damit die Cecosesola den Gedanken der Genossenschaft, nämlich den Zusammenschluss von wirtschaftlich Schwachen zum gemeinsamen Vorteil. Die Kooperative kann ihren Mitgliedern so in einigen

Bereichen eine preisgünstige oder auch kostenlose Versorgung (vor allem Krankenbehandlungen) anbieten. Um preisgünstig anbieten zu können, werden die Produzenten preislich gedrückt. Die nehmen das in Kauf, weil die Cecosesola ihnen aufgrund ihrer Größe relativ sichere Absatzchancen bietet und sie an gewissen Begünstigungen durch die Kooperative (z. B. an der kostengünstigen Krankenbetreuung) partizipieren können.

Fixangestellte bekommen alle den gleichen Grundlohn, zusätzlich gibt es Bonuszahlungen auf Basis verschiedener Kriterien (wie z. B. Dauer der Zugehörigkeit). Die Lohnhöhe liegt etwa beim doppelten Mindestlohn, was auch gemessen an den Verhältnissen vor Ort nicht viel ist, aber den Mitgliedern zumindest bitterste Armut erspart.

1975 gründete die Cecocesola zusätzlich ein Busunternehmen. Ziel war es, ähnlich wie beim Bestattungsunternehmen, Leistungen zu günstigen Preisen anzubieten. Anfangs erfuhr das Projekt die Unterstützung der lokalen Behörden. Es wurden Kredite aufgenommen und 127 Busse gekauft. Doch trotz der niedrigen Entlohnung der Busfahrer erwirtschaftete der Betrieb Verluste. Als die Cecosesola um weitere Unterstützung der Behörden ansuchte, wurde das Projekt gestoppt und die Busse an die Regionalbehörde überstellt. Die lokale Buskonkurrenz und die politischen Parteien (damals noch nicht „chávistisch") trugen das ihre dazu bei, dass das Unternehmen Bankrott machte und die Kooperative mit einem großen Schuldenberg dastand, der für sie beinahe das Aus bedeutet hätte. Schließlich gelang es ihr, mit dem Ausbau ihrer Lebensmittelmärkte die Schulden in zwölf Jahren abzuzahlen. Löhne konnten in diesen Jahren anfangs gar nicht bezahlt werden und auch danach blieben sie bescheiden.

Dieses Beispiel zeigt, dass es sehr wohl darauf ankommt, dass eine Genossenschaft Gewinne erwirtschaftet. Sie ist ein kapitalistisches Unternehmen, auch wenn immer wieder betont wird, dass die Gewinnerzielung nicht der Hauptzweck der Kooperative ist. Es dokumentiert auch, dass Genossenschaften mit sozialen Anliegen auf eine Unterstützung der politischen Institutionen des Staates, zumindest auf deren Wohlwollen angewiesen sind, damit sie in der Konkurrenz mit kapitalistischen Unternehmen nicht untergehen. Dass die Cecosesola es trotz widriger Umstände dennoch schaffte, wieder Fuß zu fassen, verdankte sich der Solidarität, also dem Aufopferungswillen, der Mitglieder und einer letztlich erfolgreichen Geschäftsidee.

In der Amtszeit von Hugo Chávez wurden Tausende von Genossenschaften in Venezuela gegründet. Die meisten davon reihten sich in die Bolivarische Revolution ein, wurden vom Staat gefördert und mit einem politischen Anstrich versehen, der die sozialen Anliegen der Bevölkerung betonte, jedoch nicht die

Abschaffung des Kapitalismus als Perspektive im Auge hatte. Ein „volksfreundlicher" Kapitalismus sollte die Nation befördern.

Auch die Cecocesola, die bereits vor der Bolivarischen Revolution existierte und die es möglicherweise auch nach dem Auslaufen der chávistischen Politik noch geben wird, sieht sich nicht in Gegnerschaft zum Kapitalismus, sie will keine flächendeckende alternative Versorgung aufbauen, ihr Zweck ist vielmehr, sich im Kapitalismus zu bewähren und die Lebensumstände ihrer Mitglieder in einigen Bereichen zu verbessern.

5.2 Der Kibbuz – eine landwirtschaftliche Kommune mit sozialistischem Anspruch

Eine der bekanntesten alternativen Kooperativen ist der Kibbuz. Er zeichnete sich durch einige Spezifika aus, die ihn eine Zeit lang zu einem Symbol für eine alternative Lebensweise werden ließen.

Anfang des 20. Jahrhunderts begann die Einwanderung jüdischer Siedler nach Palästina, das ab 1920 unter britischer Verwaltung stand. Die zionistische Bewegung forcierte aufgrund des stark aufkommenden Antisemitismus in Mittel- und Osteuropa die Bildung einer „Heimstatt für die Juden". Die jüdischen Immigranten trafen in Palästina nach dem Rückzug des Osmanischen Reiches auf eine britische Mandatsverwaltung, die gemäß der Balfour-Deklaration 1917 dem Ansinnen der Errichtung einer „jüdischen nationalen Heimstätte" wohlwollend gegenüberstand. Sie trafen allerdings auch auf eine einheimische Bevölkerung (um 1925 etwa 600.000 Personen, teils Ackerbauern, teils Beduinen), die vorerst eine abwartende Haltung einnahm. Es gab keinen ausgebildeten Kapitalismus, keine Industrie im Lande, viele Flächen waren landwirtschaftliches Brachland. Die zionistische Bewegung kaufte Land, um den Aufbau einer jüdischen Nation in die Wege zu leiten. Die ab 1920 verstärkt einwandernden Juden waren zumeist jung und mittellos und kamen größtenteils aus osteuropäischen Ländern. Ausgestattet mit einer Portion Zionismus und sozialistischem Idealismus, wollten viele der Immigranten nicht nur eine jüdische Heimstätte, sondern auch ein Leben jenseits von Privateigentum und Lohnarbeit. Auf den angekauften Ländereien entstanden Gemeinschaftssiedlungen, in denen alle, ausgenommen Kinder und Alte, zu arbeiten hatten und alle Anspruch auf eine gleiche Versorgung durch die Gemeinschaft hatten – außer der Arbeitskraft hatte man nichts einzubringen, es gab also keinen zu zahlenden Genossenschaftsanteil. Innerhalb des Kibbuz gab es keine Geldverrechnung. Eine Anstellung von Arbeitskräften, sprich Lohnarbeit, wurde abgelehnt. Entscheidungen wurden unter Einbeziehung aller Mitglieder getroffen, es gab gewählte Kibbuzleiter. Die

Kinder wurden gemeinschaftlich betreut. Das Leben jedes Mitglieds sollte sich ausschließlich in der Gemeinschaft des Kibbuz vollziehen.

Für die meisten Einwanderer, auch wenn sie nicht sozialistisch gesinnt waren, stellte der Kibbuz die einzige Möglichkeit dar, in Palästina Fuß zu fassen. Die zionistischen Bewegungen in Europa unterstützten die Kibbuzim, da sie die Landnahme vorantrieben, keine arabischen Mitglieder und Arbeitskräfte zuließen und die einheimische Bevölkerung zurückdrängten. Und die Kibbuzim hatten diese Unterstützung auch nötig. Das Land war schwer zu bearbeiten und gab kaum genug her für eine ausreichende Selbstversorgung.

Zwischen 1920 und 1930 kam es zur Bildung von Kibbuzverbänden, die sich den Statuten der „Vereinigten Kibbuzbewegung" unterstellten. Darin hieß es:

> „Der Kibbuz ist eine freie Vereinigung von Personen zum Zweck der Errichtung, Integration und Bewirtschaftung einer kollektiven Siedlung, die nach den Prinzipien von gemeinschaftlichem Eigentum an Grundbesitz, eigener Arbeit, Gleichheit und Zusammenarbeit in den Bereichen der Produktion, des Konsums und der Erziehung organisiert ist. Der Kibbuz ist eine eigenständige Siedlung. Der Kibbuz versteht sich als integraler Teil der Arbeiterbewegung in Israel, als Pionier des nationalen Neubeginns, und sein Ziel ist die Errichtung einer sozialistischen Gesellschaft in Israel, die auf wirtschaftlicher und sozialer Gleichheit basiert." (4)

Der Großteil der Kibbuzim bekannte sich zu diesem gesellschaftspolitischen Anliegen. Ein ökonomischer Verbund der Kibbuzim zum Zwecke einer geplanten Produktion und Versorgung seiner Mitglieder wurde jedoch nie ernsthaft in Angriff genommen. Der Kibbuz blieb, wie es oben heißt, eine „eigenständige Siedlung".

Den einheimischen (hauptsächlich arabischen) Bewohnern des Gebiets wurde relativ bald klar, dass sie weder als Arbeitskräfte noch als Bestandteil des geplanten jüdischen Staates erwünscht waren und bei den Landnahmen der zionistischen Bewegung als störender Faktor galten. Es mehrten sich die Anschläge auf die jüdischen Siedlungen, was dazu führte, dass die Kibbuzim immer mehr den Charakter von Wehrsiedlungen mit Frontcharakter annahmen und soldatische Aufgaben bald auch in den Arbeitsalltag integriert wurden.

Von 1932 bis 1948 kam es zu einer großen jüdischen Einwanderungswelle und einem großen Zuwachs an Kibbuzniks (Kibbuzmitgliedern). Ein Jahr vor der Ausrufung des Staates Israel machte ihre Zahl 7,5 Prozent der Gesamtbevölkerung Palästinas aus. Gab es zu Beginn der Kibbuzbewegung noch sozialutopische Beweggründe für die Errichtung von Kibbuzim, so war der Hauptzweck in dieser Phase die Errichtung eines jüdischen, sozialistischen Staates. Forciert und unterstützt durch die zionistischen Organisationen kam dabei den Kibbuzim eine tragende Rolle zu, nicht zuletzt deshalb, weil einige Kibbuzniks in der Miliz und Politik eine bedeutende Rolle spielten.

Mit der Staatswerdung Israels 1948 änderten sich jedoch die Bedingungen für die Kibbuzbewegung. Schon bald nach dem ersten gewonnenen Krieg war klar, dass die Staatsführung eine Industrialisierung anstrebte und dabei auf den Kapitalismus als Mittel setzte. Trotz der bedeutenden Rolle, die die Kibbuzniks anfangs in der Politik des neuen Staates noch spielten, war nun keine Rede mehr vom Aufbau einer „sozialistischen Gesellschaft" – schon alleine deshalb nicht, weil man sich von einer Zusammenarbeit mit den westlichen Staaten mehr versprach als von einer „brüderlichen" Hilfe der Sowjetunion. Zwar waren die Kibbuzim im ersten Jahrzehnt nach der Staatsgründung noch die wichtigsten Produzenten für landwirtschaftliche Produkte in Israel, doch es gab nun eine Marktwirtschaft im Lande, an die sich die Kibbuzim anpassen mussten, um ökonomisch zu überleben. Sie wurden vom Staat unterstützt, aber dessen Hauptaugenmerk galt der israelischen Armee, die zum wichtigsten Träger des Aufbaus der jungen Nation wurde. Genügsame Selbstversorgereinheiten wollten die meisten Kibbuzim nicht mehr sein – als solche wären sie vom Staat auch nicht protegiert worden.

Auch die Kibbuzim beteiligten sich – in bescheidenem Maße, aber doch – mit der Errichtung von vorerst im Zusammenhang mit der Landwirtschaft stehenden Industriebetrieben an der Industrialisierung des Landes. Bezeichnenderweise wurde in diesen Betrieben schon ab 1950 nur mehr in Lohnarbeit gearbeitet. Mit der fortschreitenden Kapitalisierung des Landes nahm die Bedeutung der Kibbuzim immer weiter ab, und mit dem Abgang der Kibbuzgeneration aus der Politik und dem erstmaligen Regierungsantritt des konservativen Likud in den 1970er Jahren gerieten auch die staatlichen Begünstigungen der Kibbuzim in die Kritik und sie verloren nun endgültig die privilegierte Stellung, die sie ursprünglich innerhalb der israelischen Gesellschaft innegehabt hatten.

Die Anzahl der Kibbuzniks nahm im Laufe der Jahre nicht wesentlich ab, jedoch ihr Anteil an der Gesamtbevölkerung sank, denn die neuen Einwanderer sahen ihre Zukunft nicht im Kibbuz. Die alte Generation, die ein einfaches und entbehrungsreiches Leben geführt hatte, machte einer neuen Platz – die gesellschaftspolitischen Ambitionen verblassten immer mehr, es fand eine Individualisierung der Bedürfnisse statt. Die Kibbuzim nahmen Kredite auf, um der Erweiterung der Bedürfnisse ihrer Mitglieder Rechnung zu tragen und auch, weil Ende der 1970er Jahre durch die konservative Regierung die staatlichen Förderungen stark gekürzt wurden. Nun galt es, auch die Kredite zu bedienen – das kapitalistische Rechnungswesen kehrte in die Siedlungen ein. Dennoch versuchten man in vielen Kibbuzim weiterhin gewisse Besonderheiten gegenüber marktwirtschaftlichen Betrieben beizubehalten. Als schließlich die Kredite nicht mehr bedient werden konnten, entschloss sich der israelische Staat dann doch, die Kibbuzim am Leben zu erhalten, und startete 1989 ein zehnjähriges Entschuldungsprogramm. Im Zuge der Neustrukturierung der Kibbuzim wurden immer mehr der früheren Besonderheiten aufgegeben: Auf die gemeinsame Kindererziehung wurde weniger Wert gelegt, das Familienleben spielte eine größere Rolle als früher, Lohnarbeit von Kibbuzmitgliedern außerhalb des Verbandes wurde zugelassen und die Lohnarbeit von Außenstehenden in Kibbuzbetrieben nahm zu. Diese wurden nun von Managern geführt, die direkte Demokratie wich einer Stimmenabgabe bei wichtigen Entscheidungen. Die Rotation der Arbeitstätigkeiten wurde beinahe vollständig aufgegeben.

Im letzten Jahrzehnt kristallisierten sich drei Strömungen innerhalb der Bewegung heraus: der „Gemeinschaftskibbuz" (kibbuz shitufi), der „erneuerte Kibbuz" (kibbuz mitchadesh) und der „Stadtkibbuz".

Die „Gemeinschaftskibbuzim" halten mit wenigen Abstrichen am ursprünglichen Konzept, also Gemeineigentum, keine Lohnarbeit, Verteilung der Lebens- und Konsummittel, gemeinsame Arbeit, Generalversammlungen für wichtige Entscheidungen und Wahlen, fest. Ihr Leitspruch ist nach wie vor: „Gebe, was du kannst, und bekomme, was du brauchst". Es gibt noch 40 (von insgesamt etwa 270) Siedlungen, die an diesem Anspruch festhalten.[41] Die meisten von ihnen leiden allerdings unter einer Abwanderung der Jugend und sind stark von Unterstützung durch den Staat abhängig, die in den letzten Jahren stark reduziert wurde, weswegen sie um das ökonomische Überleben kämpfen müssen.

Das gilt auch für die „erneuerten Kibbuzim" (etwa 220 Siedlungen), in denen noch gemeinsam produziert (jedoch schon abgestuft entlohnt) wird, die Wohnungen in Privatbesitz übergehen können, Anteilsrechte an dem Vermögen des Kibbuz erworben werden können und vermehrt Nichtmitglieder im Kibbuz Lohnarbeit verrichten. Das Prinzip der gegenseitigen Hilfe und der sozialen Absicherung durch die Gemeinschaft ist in diesem Siedlungskonzept weniger ausgeprägt und nur mühsam aufrechtzuerhalten – und wird auch nur deshalb in

---

41 Ein Vorzeigeprojekt dieses ursprünglichen Kibbuztyps ist der Kibbuz Chatzerim. Er liegt in der Negevwüste, nicht weit von der Stadt Beersheba entfernt. Seine Bewohner erfreuen sich eines vergleichsweise hohen Lebensstandards (der auch im hohen Alter beibehalten werden kann). Ermöglicht hat dies die Erfindung eines speziellen Bewässerungssystems. Dieses wird mittlerweile weltweit in Lizenz gebaut und vermarktet. Nach außen hin ist dieser Kibbuz nichts anderes als ein kapitalistisches Unternehmen und der Lebensstandard seiner Bewohner steht und fällt somit auch mit dem Markterfolg dieses Produkts.

die Statuten aufgenommen, um nach israelischem Gesetz den Status eines Kibbuz zu behalten und damit den Anspruch auf Förderungen nicht zu verlieren. Vielfach gehen diese Siedlungen auch in den „Moshavim", das sind genossenschaftlich organisierte Dörfer unterschiedlichster Ausprägung, auf.

Die „Stadtkibbuzim" seien nur der Vollständigkeit halber erwähnt, denn sie sind spärlich an der Zahl und großteils städtische Sozialhilfeprojekte mit gesellschaftspolitischen, vor allem sozialpolitischen Anliegen. Obwohl sie keine Produktionsgemeinschaften und auch keine landwirtschaftlichen Kommunen sind, werden sie vom israelischen Staat als Kibbuz anerkannt und sozialpolitisch als solche eingeordnet.

Die Kibbuzim haben in ihrer hundertjährigen Geschichte viele Entwicklungen durchgemacht, und in einigen wenigen wird sogar noch versucht, das ursprüngliche soziale Konzept beizubehalten. Insgesamt machen sie heute etwa 1,4 Prozent der Gesamtbevölkerung Israels aus. Der gesellschaftspolitische Veränderungsanspruch ist allerdings kaum mehr vorhanden. Wenn das beispielgebende Wirken dieser Siedlungen als Alternative zum Kapitalismus besprochen wird, sollte auch das ursprüngliche Setting beachtet werden: ein zionistisches Landgewinnungs- und Landeroberungskonzept, von dem die einheimische, nichtjüdische Bevölkerung ausgeschlossen wurde. Letztendlich ging es um die Errichtung eines jüdischen Staates. Die Siedlungen konnten nur bestehen, weil sie von jüdischen, vorwiegend zionistischen Organisationen unterstützt wurden. Seine Langlebigkeit verdankte das Kibbuzkonzept nicht zuletzt der staatlichen Förderung (z. B. Steuerbegünstigungen, Förderungen für die Vergrößerung landwirtschaftlicher Nutzflächen, Schuldenstreichungen). Diese Unterstützungen werden heutzutage nur mehr in geringem Maße gewährt, obwohl die Kibbuzim noch immer einen bedeutenden Anteil an der Urbarmachung von Land und an der landwirtschaftlichen Produktion haben. Sie haben sich immer mehr der üblichen kapitalistischen Gebarung zu unterwerfen – einige Kibbuzim haben sich mit einer Art Alternativtourismus ein zweites wirtschaftliches Standbein geschaffen. In anderen Bereichen der Produktion konnte die Kibbuzbewegung nicht in diesem Maß Fuß fassen. Die Kibbuzim bildeten untereinander stets nur ein loses Netzwerk aus, das vor allem in der Bildung eines Dachverbandes seinen Ausdruck fand, und so kam es nie zur Bildung einer alternativen oder sozialistischen Wirtschaft innerhalb des israelischen Kapitalismus. Es überwog schließlich der nationale vor dem antikapitalistischen Anspruch – die Staatsführung hatte sich mit der Wahl ihrer Bündnispartner für den Kapitalismus entschieden und diese hätten ein sozialistisches Israel nicht unterstützt. Nicht zuletzt deswegen ebbte der alternative politökonomische Anspruch der Kibbuzbewegung ab.

Die Kibbuzim waren in den Anfängen genügsame Selbstversorgereinheiten. Doch schon vor der Staatsgründung produzierten sie für den Markt, der durch die rasch steigende Immigrantenzahl wuchs. Nur innerhalb des Kibbuz war eine geldfreie Zone gegeben. Nach außen wurde nach marktwirtschaftlichen Kriterien agiert, allerdings mit Unterstützung durch den Staat Israel und andere jüdische Organisationen. Der Aufbau einer nichtkapitalistischen Ökonomie scheiterte nicht nur an den ökonomischen und politischen Bedingungen im neuen Staat Israel, sondern auch aufgrund der Aufgabe des antikapitalistischen zugunsten eines zionistisch-nationalen Standpunkts. Das war auch der Grund, weshalb die Kibbuzbewegung gewisse Besonderheiten innerhalb des kapitalistischen Israels lange beibehalten konnte.

Ähnliche Projekte in anderen Ländern, denen eine Unterstützung von Interessensgruppen und staatlichen Institutionen nicht gewährt wurde, waren nicht erfolgreich, denn, *wie Mathias Lindenau* schreibt,

> „mit der Anpassung an das vorherrschende Wirtschaftssystem wächst die Gefahr, von der sie umgebenden Gesellschaft allmählich absorbiert zu werden. […] Die Intention, eine Transformation der Gesellschaft zu bewirken, liefe damit ins Leere. Zudem stellt sich die Frage, inwieweit sich mit der Adaption eines privatwirtschaftlich orientierten Marktmodells dann noch ein Modell der Gemeinwirtschaft und des Kollektivbesitzes im Inneren der Gemeinschaft unter den Mitgliedern aufrechterhalten lässt." (5)

Die Geschichte dieser Bewegung macht auch deutlich, dass eine alternative Produktion unter gewissen Bedingungen in der Landwirtschaft bestehen, in anderen Bereichen jedoch kaum Fuß fassen kann. In der Landwirtschaft gelingt eine Abkopplung vom Markt insofern eher, als eine Selbstversorgung mit Lebensmitteln ohne Wertproduktion und Abhängigkeit vom Markt möglich ist.

5.3 Solidarische Ökonomie – ein Hoffnungsträger der alternativen Bewegungen

Der Begriff „solidarische Ökonomie" wurde in den 1980er Jahren in Südamerika geprägt. Ursprünglich wurden damit alternative Wirtschaftsprojekte in Südamerika bezeichnet, heutzutage wird darunter eine ganze Reihe von unterschiedlichen alternativen ökonomischen Initiativen subsumiert. Diese zeichnen sich vor allem durch vier Merkmale aus: „durch ihren Beitrag zum Lebensunterhalt, durch Selbstverwaltung, Kooperation sowie durch solidarische Beziehung zur Gesellschaft". (6)

Das größte und prominenteste Projekt solidarischer Ökonomie wird im folgenden Kapitel beschrieben.

5.3.1 Solidarische Ökonomie in Brasilien

Die solidarische Ökonomie in Brasilien entstand, weil die wirtschaftliche Krise Anfang der 1980er Jahre viele Betriebe in den Konkurs trieb und die Anzahl der arbeitslosen „Landlosen" zunahm. Die drohende Sperre von Betrieben und der drohende Verlust des Arbeitsplatzes veranlasste die Arbeiter, die Betriebe in Genossenschaften überzuführen und in Selbstverwaltung weiter zu betreiben. Da auch der Staat an der Weiterführung von Betrieben ein Interesse hatte, förderte er mit seiner Gesetzgebung die Bildung von Genossenschaften und 1994 wurde die Nationale Vereinigung der Arbeiter in Betrieben mit Selbstverwaltung und Aktienbeteiligung (ANTEAG) gegründet, die den Genossenschaften in beratender Tätigkeit zur Seite stand. Schließlich wurde 2003 unter der Regierung von Lula da Silva, der aus der Gewerkschaftsbewegung kam, das Nationale Sekretariat für solidarische Ökonomie (SENAES) etabliert.

Paul Singer, der spätere Staatssekretär des SENAES, erläuterte 2001 den Erfolg des Projektes so:

> „Die ANTEAG entsteht nicht nur, um den Kampf der Arbeiter für den Erhalt ihrer Arbeitsplätze zu unterstützen und gleichzeitig ihre Unterordnung unter das Kapital zu beenden, sondern auch, um die neuen solidarischen Betriebe zu beraten. [...]

So überraschend es auch erscheinen mag: Die große Mehrheit der Versuche, die halb oder ganz zahlungsunfähigen Firmen in solidarische Unternehmen zu überführen, war erfolgreich. Dies ist zunächst einmal dadurch zu erklären, dass die Genossenschaftler Opfer auf sich nahmen, indem sie monatelang für sehr niedrige Löhne arbeiteten, mitunter für nicht mehr als das Minimum zum Überleben. Unerwartete Produktivitätssteigerungen und eine starke Reduzierung der Verluste und Abfälle entstanden aber auch aufgrund der außerordentlichen Hingabe und Liebe für eine nicht mehr entfremdete Arbeit. Schließlich ist der Erfolg auch darauf zurückzuführen, dass die neuen Verwalter die Techniken und Tücken des Kaufs und Verkaufs, der Kreditaufnahme und -vergabe und der Produktinnovationen erlernten und es verstanden, solidarische Beziehungen zu anderen selbstverwalteten Betrieben anzuknüpfen.

Ab dem Jahr 2000 wurde die ANTEAG auch von Regierungen einzelner Bundesstaaten angestellt, die beschlossen, der solidarischen Ökonomie Priorität zu geben." (7)

Daraus wird das schon erwähnte Dilemma von Produktionsgenossenschaften, die in den Kapitalismus eingebettet sind, deutlich: Einerseits geht es um den Erhalt von kapitalismustauglichen Arbeitsplätzen, also die Ausbeutung nach kapitalistischen Kriterien, andrerseits soll mit der Bildung von Genossenschaften und selbstverwalteten Betrieben die Unterordnung unter das Kapital beendet werden. Da die Betriebe weiterhin für den kapitalistischen Markt produzieren, sind sie auch dessen Kriterien ausgesetzt und müssen sich ihnen unterordnen, was auch implizierte, dass die Genossenschafter Lohneinbußen in Kauf nehmen mussten – besser gesagt, Einkommenseinbußen, da Gehälter unter den Genossenschaftern abgeschafft wurden und der Gewinn verteilt wurde.

Die Regierung Lula da Silva sah es als sozialstaatliche Maßnahme an, die solidarisch geführten Betriebe zu unterstützen und mit dem dafür eingerichteten Sekretariat zu betreuen. Das gesamte Volk in einen staatlich betreuten Kapitalismus einzubinden war ihr Ziel und das, was sie unter Sozialismus verstanden. Durch die staatliche Unterstützung der Genossenschaften war es möglich, einer kompletten „Unterordnung unter das Kapital" zu entgehen und die solidarisch geführten Betriebe in den brasilianischen Markt einzugliedern. Damit war für die darin Arbeitenden die unmittelbare Unterordnung unter das Regime eines oder mehrerer Privatkapitalisten zwar nicht mehr gegeben, jedoch die kapitalistischen Anforderungen der Tauschwertproduktion nicht aufgehoben. Jeder Genossenschafter fühlt sich nun auch dafür verantwortlich, darauf zu schauen, dass der Betrieb gut wirtschaftet. Ob damit schon der Charakter der „entfremdeten Arbeit" aufgehoben wird, mag bezweifelt werden, denn der Zweck der Arbeit ist nach wie vor, einen Tauschwert zu generieren. Die Betriebe der solidarischen Ökonomie bilden zwar Netzwerke, sind aber nicht in der Lage (und streben es auch gar nicht an), sich aus dem Markt und der Geldwirtschaft auszuklinken.[42] Die zweite Schiene der Entwicklung der solidarischen Ökonomie in Brasilien bildete die „Bewegung der Landlosen" (MST), die Anfang der 1980er Jahre durch die aufgrund der extensiven Ausbeutung der landwirtschaftlichen Flächen von Großgrundbesitzern und Konzernen steigende Anzahl von Erwerbs- und Besitzlosen Zulauf erhielt. Die Landlosen besetzten nicht genutzte

---

42 Dem Koordinator der SENAES, *Claudio Nascimento*, wurde in einem Interview folgende Frage gestellt: „Wie sieht nun ein Staat aus, in dem die Wirtschaft nach den Prinzipien der Solidarischen Ökonomie funktioniert?" Die Antwort: „Es handelt sich darum, eine konkrete Utopie (der Begriff stammt von Ernst Bloch – Anm. d. Verf.) zu verwirklichen. Die Solidarische Ökonomie braucht öffentliche Investitionen, man braucht also Geld. Deshalb haben wir in Brasilien sogenannte ‚Volksbanken' entwickelt, in denen lokale Gelder verwaltet werden. Mit diesen Geldern kann man in Brasilien sogar im Supermarkt bezahlen." (8) Damit die sozialistische Utopie konkret bleibe, brauche es Geld und Banken: Das klingt nicht so, als ob man Geld und Banken nur als Übergangsstadium betrachtet, sondern eher danach, dass diese in eine volksfreundliche Ökonomie eingebunden werden sollen.

Parzellen und versuchten sich dort als Kleinbauern. Vorerst scheiterte die erfolgreiche Bewirtschaftung an den schlechten Böden und der übermächtigen Konkurrenz der industrialisierten Agrarunternehmen. Erst mit der zögerlichen
Umsetzung der 1993 ausgearbeiteten Landreform, die die Enteignung von unge-
nutztem Kulturland und dessen Verteilung an landlose Bauernfamilien vorsah,
und dem stärkeren Engagement der linksorientierten Regierung ab 2003 kam es
zur erfolgreicheren Bewirtschaftung von Land, die in Form von genossenschaftlichen Kooperativen durchgeführt wurde. Damit gelang es, die lokalen Märkte
zu beliefern und die Existenzgrundlage von etwa 350.000 Familien zu sichern.
Die MST versteht sich als Teil der sozialistischen Bewegung, und ihre gesellschaftliche Bedeutung war sehr stark von der Aufmerksamkeit der brasilianischen Regierungspolitik abhängig – und diese nahm in den letzten Jahren, als
die Wirtschaft des Landes erneut in die Krise kam, deutlich ab; der Regierungs-
wechsel 2016 bedeutete schließlich das Aus für viele Projekte. Seither kommt es
wieder zu vermehrten Landnahmen durch ausländische Konzerne und heimische Agrokapitalisten, und alles, was mit dem Etikett „Sozialismus" versehen ist,
wird ins gesellschaftliche Abseits gestellt. Auch bei einer eventuellen erneuten
„Linkswende" in Brasilien ist es zweifelhaft, ob die solidarische Ökonomie wieder an Terrain gewinnen wird. Auch eine linksgerichtete Regierung hätte kein
Interesse mehr daran, große Teile ihrer Ökonomie dem direkten Zugriff des
Kapitals zu entziehen. Schließlich will man am Welthandels- und Weltfinanz-
markt partizipieren.

2016 waren etwa 10 Prozent der Bevölkerung Brasiliens direkt oder indirekt
in die solidarische Ökonomie eingebunden, wobei der Großteil aus ländlichen
Kooperativen besteht. Für viele der daran Beteiligten hat sich die Lebenssituation gebessert, vor allem durch eine nachhaltige Sicherung ihrer Einkommen.
Von einem großen Schritt in Richtung einer alternativen Ökonomie und einem
Ausklinken aus dem Kapitalismus kann allerdings nicht die Rede sein. Zu sehr
ist dieses große Projekt von den Zuwendungen des Staates abhängig und zu sehr
ist es mit dem Kapitalismus verwoben.

5.3.2 Solidarische Ökonomie in Europa

Wie schon erwähnt wird der Begriff „solidarische Ökonomie" heute für ver-
schiedenartigste Projekte verwendet, die sich nicht umstandslos in die kapitalistische Verwertungslogik einreihen. Sie zeichnen sich durch die erwähnten
Merkmale (Beitrag zum Lebensunterhalt, Selbstverwaltung, Kooperation, Solidarität) aus, wobei immer wieder betont wird, dass nicht die Gewinn-, sondern
die Bedürfnisorientierung im Vordergrund steht, es also keine kapitalistischen

Unternehmen sind. Viele davon verstehen sich allerdings gar nicht als antikapitalistische Projekte bzw. als Kampfansage an den Kapitalismus, sondern konzentrieren sich auf einen bestimmten Aspekt einer alternativen Lebensweise (z. B. Gemeinschaftsgärten mit biologischer Landwirtschaft).

Während in Südamerika in Koppelung mit staatlichen Förderungen ein Teil der Bevölkerung damit tatsächlich seinen Lebensunterhalt bestreitet, dienen diese Projekte in Europa nur in den seltensten Fällen ausschließlich dem Lebensunterhalt der Beteiligten.

Allerdings erlebten einige Projekte gerade in Europa durch die Zunahme der Arbeitslosigkeit und Kürzungen der Sozialleistungen in den letzten Jahren einen gewissen Aufschwung. Vor allem im von der Krise arg gebeutelten Griechenland kam es zur Bildung von Solidargemeinschaften, die versuchen, die Reproduktion ihrer Mitglieder zu unterstützen. Viele der Projekte entstehen durch Kooperationen von Selbstversorgern oder Personen, die Dienstleistungen anbieten, und nisten sich in Nischen der kapitalistischen Ökonomie ein. Wie auch in anderen Ländern findet man dabei die unterschiedlichsten Projekte, denen auch die unterschiedlichsten ideologischen Zugänge zugrunde liegen und die auf besonderen Spielarten des Tauschhandels beruhen.[43] Meist werden Mitbestimmung und Solidarität dabei gehegt und gepflegt, wodurch sich für die Beteiligten der Wohlfühlfaktor erhöht – am herrschenden System wird dabei wenig gekratzt.

Lisa Mittendrein, die eine Studie zur Situation der solidarischen Ökonomie in Griechenland verfasste, kommt dennoch zum Ergebnis, dass erhebliches „Transformationspotential" in der solidarischen Ökonomie stecke, und zwar vor allem, was den Wertewandel betreffe:

„Durch freiwillige, selbstbestimmte Kooperation sowie durch das Leben und Arbeiten mit Rücksicht auf die Bedürfnisse Anderer entsteht innerhalb der Projekte auch eine für viele TeilnehmerInnen neue Form der Solidarität. Ein solcher Wandel von Werten und sozialen Beziehungen kann das Leben der Beteiligten unmittelbar verändern – wodurch er zur Selbsthilfe wird, er kann aber auch in sozialen Beziehungen über das Projekt hinaus transformativ wirken. […] Das […] möglicherweise weitreichendste Potential der Solidarischen Ökonomie liegt in ihrer Fähigkeit, in den konkreten Projekten wirtschaftliches, politisches und gemeinschaftliches Handeln zu integrieren. Wirtschaft existiert

---

43 An sich verstößt der Tauschhandel ohne Geld, der direkte Tausch Ware gegen Ware, nicht gegen die kapitalistische Logik. Auch hier bildet sich ein Markt, auf dem Wareneigentümer einander gegenübertreten, auch hier hat die Ware einen Preis, der sich in einem gewissen Quantum einer anderen Ware ausdrückt, Eigentumsverhältnisse und Produktionsverhältnis bleiben unangetastet. Die aus der Not geborenen Tauschringe sind also alles andere als „Keimformen" einer alternativen Ökonomie.

in der Solidarischen Ökonomie nicht isoliert von anderen Lebensbereichen: Im ökonomischen Handeln werden politische Werte umgesetzt und das gemeinsame Wirtschaften wird (zumindest teilweise) im Einklang mit den Werten sozialer Beziehungen
organisiert." (9)

Werte wie „Solidarität", „Gemeinschaft" oder „Gleichberechtigung" sind der
moralische Reflex des Konkurrenzkampfes in dieser Gesellschaft. Für sie gilt
Ähnliches wie für die „Gerechtigkeit" (siehe Kapitel 4.3.3): Die gesellschaftlichen Verhältnisse, die solche moralischen Titel gebären, sind zu beseitigen und
es gilt, eine Gesellschaft zu konstituieren, in der sie überflüssig sind. Der Kapitalismus wird nicht dadurch verschwinden, dass man die Bevölkerung auf diese
Werte – die ja auch Politiker in Sonntagsreden stets hochhalten – einschwört. Da
wird man schon die ökonomischen und politischen Machtstrukturen angreifen
müssen.[44]

5.4 Commons – der neue Überbegriff für alternative gemeinschaftliche Produktion und Reproduktion

In den letzten Jahren ist in die Diskussionen über alternatives Wirtschaften auch
der Begriff der Commons eingeflossen. Diese werden vom Commons-Institut
folgendermaßen definiert:

> „Commons, im Deutschen auch Allmenden genannt, sind Institutionen, in welchen
> Menschen selbstbestimmt und auf Basis gemeinsamer Ressourcen Reproduktion und/
> oder Produktion organisieren und damit gemeinsam ihre Bedürfnisse erfüllen und
> gleichzeitig die gemeinsamen Ressourcen re-/produzieren." (10)

Allmenden waren im Mittelalter nicht parzelliertes Gemeindeland, das von den
Bauern der Gemeinde gemeinsam genutzt werden konnte. Für die Nutzung
wurde in der Regel keine Pacht bezahlt. Heutzutage wird der Begriff für alle

---

44 Es ist nicht verwunderlich, dass in die Debatte über die solidarische Ökonomie auch
    die Klöster als Vorbilder für eine alternative Gesellschaft einfließen. Denn wenn es
    um das Leben von Werten in der Gemeinschaft geht, dann ist man in den Klöstern
    gut aufgehoben. Dort heißt es dann allerdings „ora et labora", wenig zu arbeiten und
    allzu großer Genuss gewisser Lebensfreuden gilt als Sünde. Wissen hat sich dem Glau-
    ben unterzuordnen. Das Diesseits ist nur eine Vorstufe zum hoffentlich himmlischen
    Jenseits etc. Das Zusammenleben dieser Gemeinschaft hochzuhalten und von der
    Gesinnung der Klosterbrüder abzusehen, ist nicht nur theoretisch unredlich, es ist auch
    praktisch gesehen keine Vision der Zukunft. Der Zustrom Alternativer in Klöster hält
    sich bekanntlich auch in Grenzen. Was den Warenverkehr betrifft, sind viele Klöster
    übrigens ganz normale kapitalistische Unternehmen.

Ressourcen verwendet, die gemeinsam genutzt oder bearbeitet werden, die sich nicht in Privatbesitz befinden und wo das Profitinteresse keine oder eine untergeordnete Rolle spielt.

In der linksalternativen Debatte werden mit Commons alle Kooperationen bezeichnet, die sich nicht unmittelbar der kapitalistischen Verwertung unterwerfen und Freiräume innerhalb des Kapitalismus schaffen:

> „Commons bezeichnen nämlich wesentlich einen Raum der Autonomie, wo Menschen sich treffen, ihre Bedürfnisse und Interessen abklären und Widerstand organisieren können." (11)

Es gibt auch schon eine Bezeichnung für diese Bewegung: „Commonismus".

5.4.1 Elinor Ostrom: Die Commons als ökonomisch sinnvolle Ergänzung des Kapitalismus

Einen Anstoß, den Begriff „Commons" in die Debatte über alternative Ökonomie aufzunehmen, lieferte der Nobelpreis für Wirtschaftswissenschaften, verliehen 2009 an *Elinor Ostrom* für ihre Studien zur Bewirtschaftung von Gemeingütern.

Den Ausgangspunkt von Ostroms empirischen Untersuchungen bilden knappe Ressourcen, die in der Mehrzahl natürliche Ressourcen wie Wasser, Wälder, Acker- und Weideland sind. Im Regelfall sind im Kapitalismus diese Ressourcen fest in der Hand von Privateigentümern, manchmal stehen sie auch im Staats- oder Gemeindeeigentum (z. B. in Österreich die Wasserversorgung). Ostrom versucht nun nachzuweisen, dass eine dritte Art und Weise der Bewirtschaftung, nämlich eine Kooperation der jeweils lokalen Nutzer, einen besseren „Gesamtnutzen" erzielt als eine privatwirtschaftliche oder staatliche. So achte z. B. eine Kooperation von Fischern darauf, dass unter Einhaltung der von ihnen vereinbarten Regeln das Gewässer befischt, aber nicht überfischt werde. Bei dieser nachhaltigen Bewirtschaftung entstehe dann ein größerer Gesamtnutzen. Das setzt jedoch voraus, dass Fischer mit einer großen Fangflotte sich freiwillig einer Beschränkung ihrer Fangquote unterwerfen, damit der Fischbestand langfristig erhalten bleibt. Ostrom hält in dieser Hinsicht staatliche Vorgaben für fehl am Platz – das wäre von den lokal Beteiligten besser zu regeln. Sie will damit nicht aufzeigen, dass die Entfaltung von Privateigentum oder Staatsinteressen schädlich für die Nutzer sein können – schließlich sind die Nutzer ja alle Privateigentümer und Staatsbürger –, sondern dass ökonomisch gesehen in gewissen Fällen der (ökonomische) Gesamtnutzen durch Kooperationen größer sein kann. Dieser Gesamtnutzen ergibt sich als Summation der jeweiligen individuellen Grenznutzenwerte und wird von Ostrom

„als zusammenfassendes Maß aller Nettowerte aller Nutzen und Kosten für die Individuen, um ein bestimmtes Ergebnis zu erreichen" (12)

bestimmt. Er soll nicht in Geld gemessen werden, da in ihn auch viele andere jeweils subjektive „innere Bewertungen" wie Freude, Scham, Bedauern, Stolz und Schuld einfließen. Damit gerät sie in ein Dilemma: Sie will den Gesamtnutzen objektiv messen (also quantifizieren, was sie sich als Ökonomin schuldig ist) und flicht dabei subjektive Kriterien ein, die schlicht nicht mit einem objektiven Maß zu messen sind.

Dennoch hält Ostrom an ihrem Quantifizierungsversuch fest. Es muss ja ein objektives Maß geben, andernfalls könnte sie mit ihren Studien nichts beweisen:

„Tatsächlich ist es unmöglich, die Annahme zu testen, dass Individuen ihren Grenznutzen maximieren, ohne über ein objektives Maß für Grenznutzen zu verfügen." (13)

Um ihre These zu belegen, dass Kooperationen von lokalen Nutzern bei der Bewirtschaftung der Commons den besten Gesamtnutzen für alle Beteiligten erzielen, betreibt sie einen großen methodischen Aufwand, und kommt schließlich zum Ergebnis, dass es dafür einiger Voraussetzungen bedarf (die den Erfolg allerdings auch nicht immer garantieren würden):

„Als Resümee ihrer Forschung nannte Ostrom folgende Prinzipien für erfolgreiche Lösungen von lokalen Allmendeproblemen:

1. Klar definierte Grenzen und einen wirksamen Ausschluss von externen Nichtberechtigten.
2. Regeln bezüglich der Aneignung und der Bereitstellung der Allmenderessourcen müssen den lokalen Bedingungen angepasst sein.
3. Die Nutzer können an Vereinbarungen zur Änderung der Regeln teilnehmen, so dass eine bessere Anpassung an sich ändernde Bedingungen ermöglicht wird.
4. Überwachung der Einhaltung der Regeln.
5. Abgestufte Sanktionsmöglichkeiten bei Regelverstößen.
6. Mechanismen zur Konfliktlösung.
7. Die Selbstbestimmung der Gemeinde wird durch übergeordnete Regierungsstellen anerkannt." (14)

Diese Prinzipien, die an soziologische Lehrbücher oder Managementseminare erinnern, kommen ganz ohne die jeweiligen ökonomischen Inhalte aus. Käme das Wort „Allmende" nicht vor, könnten sie als Voraussetzungen für viele gemeinschaftliche Aktivitäten (z. B. Spiele) gelten. Die banale Kernaussage lautet: Die lokalen Nutzer sollen ihre eigenen Regeln bei der Nutzung lokaler Ressourcen aufstellen und sich daran halten. Das Privateigentum und die staatlichen Gesetze werden nicht erwähnt, und doch sind sie immer unterstellt. Denn jeder

Privateigentümer stellt seine Kosten-Nutzen-Rechnung an und will „Nichtberechtigten" die Nutzung verbieten (siehe Punkt 1), also z. B. verhindern, dass großes Privatkapital die lokalen Ressourcen aufkauft und privat nutzt. Wer anders als der Staat sollte das gewährleisten? Deshalb kommt der Staat auch in Punkt 7 ins Spiel, obwohl Ostrom ihn eigentlich als Hindernis für die Erzielung eines optimalen Gesamtnutzens ansieht. Dass er dennoch angeführt wird, zeigt, dass auch die Bewirtschaftung von Commons nur mit dem Sanktus der hoheitlichen Gewalt, oft auch nur mit deren Unterstützung durchführbar ist. Das entspricht der bei der Erläuterung von alternativen Projekten, z. B. den Kibbuzim, getroffenen Feststellung, dass diese ohne wohlwollende Duldung oder Unterstützung seitens des kapitalistischen Staates zum Scheitern verurteilt wären.

Der Staat betrachtet solche Projekte, die die lokale Produktion schützen und noch dazu den Gesichtspunkt der Nachhaltigkeit aufweisen, manchmal durchaus als gute Ergänzung zum „business as usual" – der Nobelpreis ist ja im Hinblick darauf vergeben worden. Der Entwurf einer Gesellschaft ohne Privateigentum, Geld, Lohnarbeit, Markt und Staat ist sicher nicht nobelpreiswürdig.

In der Debatte um Alternativen innerhalb des Kapitalismus wird häufig auf die Studien von Ostrom Bezug genommen. Obwohl in einigen Beiträgen über Ostrom der systemimmanente Charakter ihrer Rezeption erwähnt wird,[45] werden ihren Studien zukunftsweisende Aspekte für die Entwicklung von Alternativen entnommen.

Da wäre zuerst der Standpunkt, dass natürliche Ressourcen wie z. B. Wasser, Wiesen, Wälder als Gemeingüter angesehen werden und als solche auch geschützt und bewahrt werden sollten. Nun hat sich der Gedanke des Umweltschutzes auch im Kapitalismus durchgesetzt, doch er relativiert sich immer an privatwirtschaftlichen und staatlichen Interessen, weshalb, aus der Sicht von Ostrom und anderen Kritikern, die Ergebnisse unbefriedigend sind – dem Gesichtspunkt des Gemeingutes würde dabei zu wenig Rechnung getragen. Ostrom folgert daraus nun nicht, dass das an den ökonomischen Interessen von Privateigentümern und Staat liegt, vielmehr sei dafür die inadäquate Verwaltung dieser Gemeingüter verantwortlich: Die jeweils lokalen Nutzer sollten, nicht

---

45 So z. B. bei *Andreas Exner*: „Ostrom verlässt bei all ihren Arbeiten nie den Argumentationsrahmen der liberalen Ökonomie, berücksichtigt jedoch Institutionen und verwendet komplexe Verhaltensmodelle. Sie hat gezeigt, dass Commons nicht als vorherbestimmte Tragödie abqualifiziert werden können, allerdings ohne dabei das kapitalistische System als solches infrage zu stellen. Die Einbettung der Commons in das Marktsystem, das der Logik der Commons diametral gegenübersteht, wurde von ihr nicht problematisiert." (15)

durch privatwirtschaftliche Konkurrenz oder staatliche Dekrete beeinflusst, kooperativ einen Modus der Nutzung vereinbaren. Während Ostrom dabei nie die Grundlagen des Kapitalismus verlässt, sehen viele Systemkritiker darin ein, wenn schon nicht systemsprengendes, so doch systemveränderndes Potential. Die Organisationsform präge die Ökonomie, so der Gedanke, und nicht umgekehrt die Ökonomie die Organisationsform.

5.4.2 Free Software, Open Source – „Keimform" einer alternativen Ökonomie?

Als Beispiel für moderne Commons werden meist „Free Software" bzw. „Open Source" genannt. Sie gelten als entwicklungsfähiger Hoffnungsträger für die Etablierung von Commons und werden vielfach auch als „Bewegung" bzw. „Initiative" bezeichnet.

Im allgemeinen Sinne steht Open Source für frei verfügbares Wissen und Information, im engeren und eigentlichen Sinne für eine bestimmte Software. Das Charakteristische dieser Software besteht in einem allgemein zugänglichen Quelltext, der kostenlos kopiert werden kann und für eine Weiterverarbeitung zur Verfügung steht.

In den 1980er Jahren entstand die Freie-Software-Bewegung. Programmierer stellten die Lizenz für von ihnen erstellte Quelltexte allen Nutzern ohne Bedingung („frei") für eine Weiterverarbeitung zur Verfügung. Diese Bewegung bestand nicht bloß aus Nerds, die es sich zum Hobby machten, eigene Programme zu basteln, sondern auch aus Menschen, die damit einen ideologischen Anspruch verbanden, den Richard Stallman, einer ihrer Protagonisten, so zusammenfasste:

> „Freie Software ist eine soziale Bewegung. Für die Freie-Software-Bewegung bedeutet *freie* [Kursivsetzungen im Original, Anm. d. Verf.] Software eine ethisch unbedingt erforderliche, wesentliche Achtung vor der Freiheit der Nutzer. [...] Während ein freies Programm unter irgendeinem anderen Namen einem heute dieselbe Freiheit gewähren würde, hängt der dauerhafte Erhalt aber vor allem davon ab, Menschen den Wert der Freiheit zu lehren. [...] Der Begriff *Freie Software* ist anfällig für Fehlinterpretationen: eine unbeabsichtigte Bedeutung, *‚Software, die man kostenlos erhält'*, passt ebenso gut wie die beabsichtigte Bedeutung *‚Software, die dem Nutzer gewisse Freiheiten gewährt'*. Wir sprechen dieses Problem mit Veröffentlichung der *Freie-Software-Definition* und den Worten *‚Denke an Redefreiheit, nicht Freibier'* an." (16)[46]

---

46 Stallman erklärt in diesem Statement („Warum Open Source das Ziel Freie Software verfehlt") den ideologischen Hintergrund der Freie-Software-Bewegung und erläutert die Unterschiede zwischen Freier Software und Open-Source-Software. Die

Der ideologische Anspruch besteht nicht in einer Kritik der Ökonomie des Kapitalismus, sondern an einem Hochhalten der Freiheit des schaffenden Individuums im Hinblick auf die Abhängigkeit von Unternehmen (Konzernen) und deren Beherrschung des Marktes. Die kostenlose Überlassung des Quelltextes an die Nutzer zur Weiterverarbeitung ist zwar ein im Kapitalismus unübliches Verfahren, steht aber ideologisch gar nicht im Vordergrund der Bewegung, der es um die „Freiheit der Rechnernutzer" geht. Die Konkurrenz der Programme solle nicht – zum Nachteil der Anwender – von mächtigen Firmen blockiert werden. Alle übrigen Schikanen des Kapitalismus sind der Freie-Software-Community ziemlich egal. Es ist also schon ein sehr spezifisches Anliegen, das nur für Träger einer (rosa-)roten Brille unter Kapitalismuskritik fällt.

Die kostenlose Lizenz ist eine Eintrittskarte in den Markt und fördert die Weiterverbreitung des Programms. Den meisten Anbietern freier Software geht es also nicht darum, mit diesem geistigen Eigentum, wie im Kapitalismus üblich, Geld zu verdienen, sondern sich einen Namen zu machen, denn es wird von der „Community" darauf Wert gelegt, dass der Name des Grundlagenentwicklers bei der Weiterverarbeitung und einem möglichen Weiterverkauf des Programms durch Dritte als sogenanntes „Copyleft" erhalten bleibt.

Diese kostenlose Vergabe der Lizenz und die Möglichkeit, das Programm nach eigenem Gutdünken weiterzuverarbeiten, da der Quellcode frei zugänglich ist, stellt einen nicht unerheblichen Vorteil dar, der von vielen öffentlichen Institutionen, aber auch von Unternehmen genutzt wird. So schaffte es die Freie bzw. die Open-Source-Software, tatsächlich Marktanteile zu gewinnen. Sie wurde in den kapitalistischen Markt eingemeindet.

Deshalb gilt das Veränderungspotential dieser „Bewegung" auch in der linksalternativen Debatte als umstritten. *Stefan Meretz* reflektiert folgendermaßen das Für und Wider, die Freie-Software- und Open-Source-Bewegung als „Keimform", aus der sich eine alternative Ökonomie und Gesellschaft entwickeln könnte, zu betrachten:

„Folgende Aspekte sprechen für den Keimformcharakter:

- der funktionale Kern freier Software ist wertfrei
- die Produktion basiert auf individueller Selbstentfaltung und kollektiver Selbstorganisation

---

Open-Source-Bewegung, die sich 1998 konstituierte, vergibt ihre Lizenzen nicht bedingungslos frei, was den Verfechter des Freiheitsbegriffs stört.

– auf der Grundlage globaler Vernetzung hat die (Re-)Produktion in diesem Bereich das gesellschaftlich-kooperative Niveau erreicht (im Unterschied etwa zu Alternativprojekten)

Folgende Aspekte sprechen gegen den Keimformcharakter:

– die individuelle Reproduktion kann über diese Teil-Entkopplung nicht abgesichert werden
– freie Software bedeutet – ähnlich der betrieblichen Rationalisierung – für das Einzelkapital einen Verwertungsvorteil (während es gesamtkapitalistisch die Entwertungstendenz verschärft) – es kommt also zu lokalen Stabilisierungseffekten
– das Bewusstsein über ihr Tun ist in der Freien Softwarebewegung nur sehr rudimentär ausgebildet" (17)

Meretz bezeichnet die freie Software als „wertfrei" (im Sinne der Tauschwertproduktion), da das Produkt gratis zur Verfügung gestellt wird. Diese Gratisgabe eines Privateigentümers passt zweifellos nicht zur kapitalistischen Tauschwirtschaft. Er weist allerdings auch darauf hin, dass das Produkt letztendlich in den kapitalistischen Produktionsprozess einfließt und gemäß der kapitalistischen Kalkulation weiterverarbeitet und weiterverkauft wird, also Bestandteil der Tauschwertproduktion ist.

Sich aus der kapitalistischen Logik auszuklinken, ist bei diesem Produkt insofern leichter möglich, als für die Herstellung keine Maschinen und Materialien benötigt werden, also keine Kredite aufgenommen werden müssen, um in die Produktion einzusteigen. Würde z. B. Hardware produziert werden, so müsste man die nötigen Materialien einkaufen und in Werkzeuge, Maschinen oder Fertigungsautomaten investieren. Auch wenn gratis gearbeitet wird, müssten diese Investitionen rasch wieder hereingespielt werden, um nicht sofort die Produktion einstellen zu müssen, denn eine Kreditierung durch Banken ist unter diesen Umständen nicht zu erwarten, allenfalls Spenden von großzügigen Mäzenen. Außerdem ist die Software beliebig oft und ohne Kosten zu vervielfältigen, Arbeitszeit fällt dafür kaum an – auch eine Besonderheit gegenüber der Herstellung von stofflichen Gütern.

Meretz ist sich auch darüber im Klaren, dass die Produzenten Freier Software auf die im Kapitalismus üblichen Reproduktionsmöglichkeiten angewiesen sind, also eine „Entkopplung" in dieser Hinsicht nicht möglich ist.

Zugute hält er ihnen, dass ihre Produktion auf „individueller Selbstentfaltung" (– dem Idealbild einer von den kapitalistischen Zwängen befreiten menschlichen Tätigkeit) und „kollektiver Selbstorganisation" (– obwohl die Freie-Software-Produzenten einerseits viel Wert auf individuelle Freiheit legen, schließen sie sich andrerseits auch zu Interessens- und Projektgruppen zusammen) beruhe.

Das Besondere an dieser „kollektiven Selbstorganisation" ist, dass sie ein Produkt herstellt, das in die Wertproduktion einfließt, der Produktionsprozess jedoch den üblichen Kriterien der Wertproduktion entzogen bzw. nicht unterworfen ist.

Meretz konstatiert bei der Freie-Software-Bewegung zwar ein fehlendes (anti-kapitalistisches) Bewusstsein, hält jedoch am nichtkapitalistischen Charakter ihres Tuns fest und billigt ihr schließlich den „Keimformcharakter" zu.[47]

---

47 Nicht zuletzt auch deshalb, weil er in der Bewegung eine „polyzentrische Selbstorga-
     nisation" erkennt – ein Begriff, den er den Studien Ostroms entnommen hat und der
     in dem gemeinsam mit Christian Siefkes entwickelten Modell der „Peer-Ökonomie"
     eine wichtige Rolle spielt. (Auf Siefkes' „Peer-Ökonomie" wird kurz im Kapitel 9.2
     eingegangen.)

6. Alternativen zum Kapitalismus als Staatsprojekt

Im Laufe des 20. Jahrhunderts kam es in einigen Ländern zu erfolgreichen Revolutionen, deren Protagonisten sich u. a. auf Marx beriefen. Unter der Führung der kommunistischen Partei wurde in diesen Ländern eine „Diktatur des Proletariats" errichtet, obwohl ein Proletariat dort zumeist kaum vorhanden war – aber das ist der geringste Vorwurf, der den Revolutionären zu machen ist. Sehr wohl ist allerdings zu kritisieren, wie sie ihren Sozialismus gestalteten und zur Festigung der Staatsmacht benützten. Der Übergang zum Kommunismus hat nicht stattgefunden und zum „Absterben des Staates" ist es auch nicht gekommen – nicht etwa weil es unmöglich gewesen wäre, sondern weil die herrschenden Kommunisten es gar nicht mehr wollten.

Beispielgebend für die meisten der nichtkapitalistischen Staatsprojekte war der „reale Sozialismus" in der Sowjetunion, der nach dem 2. Weltkrieg auch in den von ihr besetzten Ländern eingerichtet wurde. Darauf soll im Folgenden näher eingegangen werden. Danach wird auf die „sozialistische Marktwirtschaft" der Volksrepublik China Bezug genommen.[48]

6.1 Der „reale Sozialismus"

Vom heutigen Standpunkt erscheint der sogenannte „reale Sozialismus" als toter Hund, der längst begraben wurde und den man am besten vergessen sollte.[49] Ungeachtet dessen ist es angebracht, sich im Zusammenhang mit der Themenstellung dieser Schrift ein paar Gedanken zu diesem System zu machen – es war schließlich neben dem „dritten Weg" Chinas der am größten angelegte Versuch, eine nichtkapitalistische Ökonomie zu errichten.

---

48 Die Entwicklung des realen Sozialismus und des „dritten Wegs" der Volksrepublik China wird ausführlich im Buch „Die bedürfnisorientierte Versorgungswirtschaft" erläutert.

49 Der vom Chefideologen der KPdSU *Suslow* eingeführte Begriff „realer Sozialismus" wurde nach dem 2. Weltkrieg zur generellen Bezeichnung des Gesellschaftssystems der UdSSR und des sogenannten „Ostblocks". Damit wurde die Differenz zwischen dem Ideal des Kommunismus bzw. Sozialismus und den reellen Gegebenheiten zum Ausdruck gebracht.

6.1.1 Der Ausgangspunkt

Im Jahr 1917 entwickelte sich die politische Lage in Russland, vor allem in St. Petersburg/Petrograd, dermaßen, dass es für die Bolschewiken opportun erschien, den Putsch zu wagen und die Macht zu ergreifen.[50] Die Oktoberrevolution von 1917 war nicht von langer Hand geplant und die Revolutionäre hatten vorerst nur verschwommene Vorstellungen unterschiedlichster Art, welche Schritte nun folgen sollten. Für Lenin selbst kam der Umsturz überraschend, denn in seiner Theorie (siehe dazu Kapitel 3.2.1) war er in den entwickelten Industrieländern zu erwarten und nicht im erst teilweise industrialisierten Russischen Reich. Es war jedenfalls eine Revolution, die politisch und ökonomisch keinen Stein auf dem anderen ließ. Wie es ökonomisch weitergehen sollte, war unklar – Einigkeit herrschte nur darüber, dass die neue Wirtschaftsform nicht kapitalistisch sein sollte. Die Revolutionäre bezogen sich auf die Schriften von Marx und Engels und auf die Analysen von Lenin, doch da fand sich wenig über den Aufbau einer alternativen Ökonomie. Es fanden sich darin allerdings genügend Hinweise, was den Kapitalismus auszeichnet und was demzufolge in einer nichtkapitalistischen Ökonomie nichts verloren hätte.

In der 1919 fertiggestellten Schrift „Das ABC des Kommunismus" entwickelten *Nikolai Iwanowitsch Bucharin* und *Jewgeni Alexejewitsch Preobraschenski* aus der Kritik des Kapitalismus den Entwurf einer kommunistischen Gesellschaftsordnung. Der Kapitalismus wird hier folgendermaßen charakterisiert:

> „Als Kennzeichen der kapitalistischen Gesellschaftsordnung erscheinen also 3 Merkmale: die Erzeugung für den Markt (Warenproduktion); die Monopolisierung der Produktionsmittel durch die Kapitalistenklasse; Lohnarbeit, d. h. Arbeit, gegründet aus dem Verkauf der Arbeitskraft." (1)

Um den Kapitalismus zu beseitigen, gelte es also, auch diese seine konstitutiven Merkmale (das Geld wird an dieser Stelle nicht erwähnt) zu beseitigen. Daraus lässt sich für die neue Gesellschaft und ihre Ökonomie ableiten:

> „1. Sie muss eine organisierte Gesellschaft sein; in ihr darf es keine Anarchie der Produktion, keine Konkurrenz der Privatunternehmer, keine Kriege und Krisen geben.
> 2. Sie muss eine Gesellschaft ohne Klassen sein; sie darf nicht aus zwei Hälften bestehen, die einander immerfort bekämpfen, sie kann nicht eine Gesellschaft sein, wo eine Klasse durch eine andere ausgebeutet wird. [...] Die Grundlage der

---

50 Das Zarenreich war zu diesem Zeitpunkt, vor allem durch den Krieg in Europa, äußerst geschwächt, es kam zu Arbeiter- und Bauernaufständen, und der Zar dankte im Februar 1917 ab. Auch die Bildung einer bürgerlichen provisorischen Regierung vermochte eine einheitliche Staatsgewalt nicht mehr herzustellen.

kommunistischen Gesellschaft ist das gesellschaftliche Eigentum an den Produktions- und Verkehrsmitteln. [...] Es heißt, dass auch nicht eine einzelne Klasse der Eigentümer ist, sondern alle Menschen, die die Gesellschaft bilden. [...] Es versteht sich von selbst, dass eine so ungeheuer große Organisation einen allgemeinen Produktionsplan voraussetzt." (2)

Auch wenn die neue Gesellschaft in diesen wenigen Sätzen – die ganze Abhandlung ist mehrere hundert Seiten lang – rein negativ zum Kapitalismus skizziert wird („darf nicht", „soll nicht"), so wird doch deutlich, dass das Ziel des Kommunismus die radikale Abschaffung des Kapitalismus ist, also alle Merkmale des Kapitalismus getilgt werden sollten. Die Einführung einer Planwirtschaft erschien auf dieser Grundlage als selbstverständliche Konsequenz. Es sollte auch keinen Markt mehr geben:

> „Die kommunistische Produktionsweise setzt auch nicht eine Produktion für den Markt voraus, sondern für den eigenen Bedarf. Nur erzeugt hier nicht jeder Einzelne für sich selbst, sondern die ganze riesengroße Genossenschaft für alle. Folglich gibt es hier keine Waren, sondern bloß Produkte. Diese erzeugten Produkte werden nicht gegeneinander eingetauscht; sie werden weder gekauft noch verkauft. Sie kommen einfach in die gemeinschaftlichen Magazine und werden denjenigen gegeben, die sie benötigen. Das Geld wird also hier unnötig sein." (3)

„Das ABC des Kommunismus" war nicht bloß ein Konzept von Preobraschenski und Bucharin, sondern wurde im März 1919 als Kommentar zum 2. Parteiprogramm der Bolschewiki verfasst und als Agitationsschrift verwendet. Es galt also, die gesellschaftliche Produktion umzustellen, Kader auszubilden und die Bevölkerung von der Umgestaltung zu überzeugen. Die Bolschewiki hatten nun zwar die Macht im Staate – die ihnen allerdings noch von Konterrevolutionären und ausländischen Mächten bestritten wurde –, aber ohne den Rückhalt der ländlichen Bevölkerung, die für die Nahrungsmittelversorgung sorgte, war dieses revolutionäre Programm nicht durchzusetzen. Als die Bauern sich der Kollektivierung widersetzten, da sie befürchteten, ihre Subsistenz und die heimatliche Scholle zu verlieren, führte dies zu einem Engpass in der Nahrungsmittelversorgung. Um einen neuen Bürgerkrieg zu vermeiden, wurde der sogenannte „Kriegskommunismus" 1921 abgebrochen. Für ein paar Jahre wurden Privateigentum und Märkte wieder zugelassen. Diese Phase wurde als Neue Ökonomische Politik (NEP) bezeichnet und dauerte bis 1928.[51]

---

51 Es ist müßig, darüber zu spekulieren, ob die Bolschewiken den von Preobraschenski und Bucharin angedachten Kommunismus umgesetzt hätten, wenn die Bauern sich nicht dagegen gewehrt hätten. Der Widerstand der Bauern zeigt jedenfalls, wie schwierig es ist, Leute von ihrem Eigentum, vor allem wenn es, wie von den Bauern, auch

Doch die Bolschewiken hielten an ihrem Ziel, eine neue, antikapitalistische Wirtschaftsordnung aufzubauen, fest, sie hatten schließlich noch immer die Macht im Lande. Sie hofften nicht mehr auf eine allgemeine Weltrevolution und das Abdanken des „verfaulten" Kapitalismus, sondern propagierten den „Sozialismus in einem Land", der dank der Autarkie der Sowjetunion auch ohne Außenhandel auskam, und Stalin setzte die Kollektivierung der Landwirtschaft mit Gewalt durch. Mit diesem Sozialismus, der die Vorstufe zum erstrebten Kommunismus sein sollte, wurde in den 1930er Jahren in der Sowjetunion eine Ökonomie eingerichtet, die nach dem 2. Weltkrieg auch den „Bruderstaaten" aufgeherrscht wurde.

6.1.2 Die Ökonomie des realen Sozialismus – eine staatlich gelenkte Warenwirtschaft

In dieser sozialistischen Ökonomie sollte effektiver und volksfreundlicher als im Kapitalismus gewirtschaftet werden. Deshalb wurde einiges anders gemacht als im Kapitalismus. Es gab

- kein Privateigentum an den Produktionsmitteln und an Grund und Boden, nur Staatseigentum bzw. damit verbundenes genossenschaftliches Eigentum,
- keine Konkurrenz der Betriebe um Marktanteile, keinen freien Markt,
- ein Recht auf Arbeit, das auch wirklich eingelöst wurde und gesicherte Arbeitsplätze sowie gesicherte Einkommen für alle bedeutete,
- eine Planwirtschaft,
- Geld als Zahlungsmittel und Verrechnungseinheit,
- staatlich festgesetzte Preise und Löhne und
- aus den staatlichen Vorgaben resultierende Gewinne.

Man berief sich auf „allgemeine Grundlagen des Wirtschaftens", als ob es solche unabhängig von einer bestimmten Produktionsweise gäbe, und wollte diese für den Sozialismus „benutzen und ausnützen". Offensichtlich gehörte für diese Sozialisten eine Warenwirtschaft, basierend auf Tausch, Geld, Lohnarbeit und auch Gewinnen, zu den „allgemeinen Grundlagen des Wirtschaftens", die im Sinne des Sozialismus „ausgenutzt" werden konnten:

> „Der Sozialismus hat als Produktionsweise noch nicht gesiegt, solange die planmäßige Organisation der gesamten gesellschaftlichen Produktion nicht seine Grundlage geworden ist. Aber der Sieg der planmäßigen Produktion als gesellschaftliches System heißt

---

als Chance für die Selbstversorgung gesehen wird und wenn nicht klar ist, ob die Neuerungen eine Verbesserung der Lebenssituation mit sich bringen.

nicht, dass sämtliche Warenbeziehungen unverzüglich aufgehoben werden. Wie die geschichtliche Erfahrung lehrt, schließt die Durchsetzung des Prinzips der Planmäßigkeit und Warenwirtschaft im gesellschaftlichen Maßstab – obgleich Planmäßigkeit und Warenwirtschaft als System einander entgegengesetzt sind – nicht die Möglichkeit und Notwendigkeit aus, dass innerhalb des Systems der planmäßigen sozialistischen Produktion Beziehungen der Warenproduktion ausgenutzt werden." (4)

Den Ökonomen des realen Sozialismus war es also durchaus bewusst, dass eine geplante Produktion und eine zum Zwecke des gewinnträchtigen Verkaufs abgewickelte Warenwirtschaft in Gegensatz zueinander standen. Dennoch beharrten sie darauf, diesen Gegensatz in der sozialistischen Ökonomie einzurichten. „Notwendig" war das keineswegs, „möglich" war es, wie sich herausstellte, doch wie die „geschichtliche Erfahrung" zeigt, hatte es einige unliebsame Auswirkungen auf die planmäßige Produktion.

Man schielte auf den Reichtum der kapitalistischen Gesellschaft, die „ungeheure Warensammlung", wie Marx es formuliert hatte, und wollte die Warenwirtschaft ohne die damit einhergehenden ökonomischen und sozialen Krisen und Gegensätze bewerkstelligen. Statt die Wertproduktion abzuschaffen, sollte das „Wertgesetz" einerseits sozial gerecht, was schon Marx in der „Kritik des Gothaer Programms" kritisiert hatte, und andrerseits ökonomisch stimulierend angewandt werden:

„Die sozialistischen Produktionsverhältnisse schaffen für das Funktionieren der Warenproduktion und des Wertgesetzes neue Bedingungen. […] Die Wertbeziehungen werden bei der planmäßigen Organisation der gesellschaftlichen Reproduktion nicht nur und nicht so sehr für die Erfassung der Abrechnung der geleisteten Arbeit als für die Einwirkung auf bestimmte ökonomische Prozesse genutzt. Solange Warenbeziehungen existieren, ist die bewusste Einwirkung auf den Preis eines der wichtigsten ökonomischen Instrumente der Gesellschaft. Der Staat nimmt im Sozialismus aktiv Einfluss auf Warenbeziehungen und die Preisbildung." (5)

Der Staat versuchte mit einem Korsett von festgelegten Löhnen, Preisen und Planzahlen eine geplante Produktion für die vom Staat gewünschten Gebrauchswerte umzusetzen – auch zu erwirtschaftende Gewinne wurden mit der Planrechnung festgelegt.

Für die Lohnabhängigen bedeutete das zwar einen sicheren Arbeitsplatz und gesicherte Löhne oder auch Naturalleistungen, die jedem mehr oder weniger bescheidene Lebensverhältnisse garantierten. Es gab auch hohe Löhne, wenn die staatliche Plankommission meinte, dass die Arbeits- und Lebensbedingungen (z. B. für Knappen in Sibirien) dies rechtfertigten. Aber es waren eben Löhne, und als solche waren sie ein Kostenfaktor in der staatsbetrieblichen Planungsrechnung, sowohl im staatlich budgetierten Konsumtionsfonds als auch in den

Betriebskalkulationen.[52] Die Planung von gerechten Löhnen und richtigen Preisen für die Waren wurde ständig von Maßnahmen begleitet, einen programmatisch geforderten Ausgleich zwischen Betriebs- und Konsumenteninteressen herzustellen. Im Ergebnis hatten die Menschen in diesem System zwar in der Regel ausreichend Geld, doch die Gebrauchswerte, die sie sich dafür leisten konnten, waren oft nicht in der benötigten Menge vorhanden oder von zweifelhafter Qualität.

Das lag nicht an der Unfähigkeit oder Gleichgültigkeit der Betriebsleiter, sondern an dem Korsett der geplanten Kennziffern, in dem sie sich bewegen mussten. Die Betriebe hatten wenig Spielraum, um das Betriebsergebnis zu erreichen oder zu übertreffen. Es gab die Möglichkeit, mit dem eingesetzten Material sparsam umzugehen, was oft die Qualität der Güter beeinträchtigte. Notwendige Investitionen wurden aufgeschoben, weil sie zu einem Abzug am geplanten Gewinn führten. Ersatzteile für veraltete Maschinen wurden oft aus Kostengründen nicht mehr produziert, was dazu führte, dass die Produktion zeitweise stillstand und es zu Engpässen in der Versorgung kam. Auch die Belegschaft musste herhalten, wenn die Planziffern nicht erfüllt werden konnten: Ihr wurde mangelnde sozialistische Einstellung vorgeworfen, und in unbezahlten Zusatzschichten durften sie den schlechten Eindruck wieder wettmachen.

Bei allen Verfeinerungen der Planungsrechnung und den Versuchen, den „richtigen" Wert der Produkte zu dekretieren, mühten sich die Planungsrechner am Widerspruch zwischen Gebrauchswertproduktion und Tauschwertberechnung und zwischen Wert und leistbarem Preis ab.

Trotz aller Widersprüche hätte dieses ökonomische System mit Gewalt und moralischen Appellen (die ein widerliches Ausmaß annahmen) noch länger überleben können, wenn nicht der Großteil der sowjetischen Staatsführung zu dem Entschluss gelangt wäre, dass dem Staat besser gedient sei, wenn Privateigentum und Markt wieder zugelassen werden und die strikte Planwirtschaft abgeschafft wird. Ihre Methoden der ökonomischen Planung taugten eben nicht dazu, den Kapitalismus „einzuholen" und zu „überholen". Statt von diesem Ziel

---

52 Bezeichnenderweise wurde in der Sowjetunion und den anderen realsozialistischen Arbeiter- und Bauernstaaten auch eine Gewerkschaft als Vertretungsinstanz der Arbeiter institutionalisiert. Das ist einerseits verwunderlich, da ja laut Interpretation der herrschenden kommunistischen Partei die Arbeiter an der Macht waren und Gewerkschaften somit unnötig gewesen wären, andrerseits auch wieder nicht, denn die Arbeiter waren nach wie vor Lohnarbeiter und ihre Interessen nicht deckungsgleich mit der Planzifferkalkulation der Betriebsleitungen, weshalb sie auch ihre Interessen gegen diese geltend machen sollten.

abzulassen, die Tauschwertberechnungen bleiben zu lassen und eine vernünftige gebrauchswert- und bedürfnisorientierte Produktion aufzuziehen – die Voraussetzungen dazu hätten sie gehabt –, entschieden sie sich, ein kapitalistischer Global Player zu werden, um als solcher im Reigen des Imperialismus mitzutanzen.

6.1.3 Welche Lehren kann man aus dieser Periode ziehen?

Vom heutigen Standpunkt erscheint diese Periode als historisches Fossil, mit dem auch links und alternativ Denkende meist nichts mehr anfangen können, mit dem sie sich auch nicht mehr beschäftigen wollen und dessen Beurteilung sie von der antikommunistischen Öffentlichkeit übernehmen. Dennoch kann die heutige antikapitalistische Bewegung einige Lehren daraus ziehen – und zwar andere als die, die Antikommunisten ständig breittreten.

6.1.3.1 Revolution

Auch wenn heutzutage eine Revolution unwahrscheinlich erscheint und sie von vielen Kapitalismuskritikern schon ad acta gelegt wurde, ist es zweckmäßig, sich darüber Gedanken zu machen. Wenn es wirklich darum geht, sich den Kapitalismus vom Hals zu schaffen, dann wird schon ein Paukenschlag notwendig sein. Es ist nicht davon auszugehen, dass der Kapitalismus schiedlich-friedlich in eine nichtkapitalistisch organisierte Gesellschaft hinübergleitet.

Es ist damit zu rechnen, dass es nicht nur im eigenen Land Widerstand geben wird, sondern dass man es auch mit Interventionen anderer Staaten zu tun bekommen wird. Der Idealfall wäre deshalb eine „Weltrevolution" – und wenn schon nicht in der ganzen Welt, so doch in größeren Regionen –, denn die Versorgung muss nach vollbrachtem Umsturz gewährleistet sein. Versorgungsprobleme verschlechtern die Überlebenschancen der Revolution, eine Region, die nicht autark ist, bliebe vom feindlichen Umland abhängig.[53]

Der Erfolg einer Revolution hängt klarerweise von ihrer Vorbereitung ab. Je klarer die Vorstellungen der Alternative sind und je mehr Leute von der Möglichkeit, etwas zu verändern und zu verbessern, überzeugt werden können, umso eher wird der Umsturz gelingen und auch die schwierige nachrevolutionäre Phase zu bewältigen sein. So gesehen waren die Voraussetzungen in

---

53 Die Sowjets, die eine proletarische Revolution in den kapitalistischen Metropolen erwarteten, proklamierten nach deren Ausbleiben notgedrungen den „Sozialismus in einem Land". Dass dessen Aufbau – unter Einsatz von viel Gewalt und unter Inkaufnahme recht trister Lebensverhältnisse – gelang, ist auch dem Umstand zu verdanken, dass die Sowjetunion in vielen Bereichen, vor allem im Rohstoffsektor, autark war.

Russland 1917 nicht ideal: Die Bolschewiki ergriffen die politische Macht mit (im Verhältnis zur Gesamtbevölkerung) relativ wenigen Revolutionären. Sie hatten keine detaillierten Pläne, wie es weitergehen sollte – das „ABC des Kommunismus" erschien erst 1919. Die Bauern, die den Großteil der Bevölkerung stellten, nahmen eine abwartende Haltung ein und verweigerten schließlich bei den ersten Kollektivierungen die Gefolgschaft, diese konnten schließlich nur mit Gewalt durchgeführt werden. Heutzutage wäre nicht nur mit dem Widerstand von Bauern, sondern auch mit dem von Klein- bis zu Großkapitalisten und noch etlichen anderen, die an ihrem Eigentum hängen, zu rechnen.

6.1.3.2 Übergangsökonomie

Die ursprünglich intendierte radikale Aufhebung des Kapitalismus, also die Abschaffung von Privateigentum, Lohnarbeit, Geld und Markt, wurde drei Jahre nach dem Umsturz sistiert. Um die Nahrungsmittelversorgung zu retten und einen Bürgerkrieg zu vermeiden, wurden mit der Neuen Ökonomischen Politik (NEP) wieder das Privateigentum und Märkte in der Landwirtschaft eingeführt. Das bedeutete keine Rückkehr zum Kapitalismus, denn die Industrie blieb im Staatseigentum und nach 1924 übernahm mit Stalin ein Vertreter derjenigen politischen Fraktion die politische Führung, die in der NEP nur eine Übergangslösung sah. Als sich die ökonomische Situation im Lande gebessert hatte und die politische Führung das Land besser unter Kontrolle hatte, wurde die Zwangskollektivierung in der Landwirtschaft durchgeführt und eine sozialistische Planwirtschaft eingeführt – der ursprünglich angestrebte Kommunismus wurde zum ideologischen Fernziel. Diese sozialistische Ökonomie wurde als Konkurrenzveranstaltung zum Kapitalismus gesehen und nahm, wie oben beschrieben, Elemente des Kapitalismus mit auf. Geld, Tauschwertprinzip, Lohnarbeit wurden nicht, wie ursprünglich im „ABC des Kommunismus" vorgesehen, abgeschafft, sondern sollten dafür instrumentalisiert werden, den Staatsreichtum wie auch das Wohl des Volkes zu mehren. Dass sie es dabei ständig mit Widersprüchen besonderer Art zu tun bekamen, fiel ihnen durchaus auf, doch ihnen ging es nicht darum, sie aufzuheben, sondern mit ausgeklügelten Kennzahlen und Vorgaben damit umzugehen.

Im Grunde hielten die realen Sozialisten den Tausch und den Tauschwert für das optimale Prinzip, um den Reichtum der Nation zu befördern. Dass sie sich dabei mit dem Kapitalismus verglichen und mit ihm wetteiferten, führte letztendlich dazu, dass sie sich vom Ziel, eine kommunistische Gesellschaft zu errichten, verabschiedeten. Angesichts der Erfolge der kapitalistischen Staaten in der Hervorbringung einer „ungeheuren Warensammlung" und der Ausbeutung der

Lohnarbeiter, angesichts der kapitalistischen „Wirtschaftsmacht" hielten es die sowjetischen Parteiführer für das Beste, gleich das Wirtschaftssystem des ideologischen Feindes zu übernehmen.

Eine Revolution durchzuführen, ist eine Sache, sie zu Ende zu bringen und nicht auf dem halben Weg stehenzubleiben, eine andere.

6.1.3.3 Lehren, welche die bürgerliche Ideologie propagiert

– *„Der Kapitalismus hat gesiegt, der Kommunismus ist tot."*

Das stimmt, was den Kapitalismus betrifft, und großteils auch, was den Kommunismus betrifft, da dieser selbst in linken und alternativen Bewegungen als überholt, ein Bekenntnis zu ihm sogar als peinlich angesehen wird. Wenn heute über Alternativen zum Kapitalismus nachgedacht wird, wird ein Bezug auf den Kommunismus tunlichst vermieden.

– *„Nur Kapitalismus ermöglicht Wohlstand."*

Dabei wird Armut geflissentlich als Minderheitenproblem betrachtet und gerne darüber hinweggesehen, wer auf wessen Kosten von diesem Wohlstand profitiert. Was die Warenvielfalt und den Geldreichtum insgesamt betrifft, war und ist der Kapitalismus allerdings sehr erfolgreich.

– *„Planwirtschaft ist wider die Natur des Menschen. Sie lähmt die Eigeninitiative und die belebende Konkurrenz."*

Eine Gesellschaft, die jedem eine gesicherte Reproduktion bietet, ist Apologeten des Kapitalismus ein Dorn im Auge. Der Fall des Sozialismus bestätigt sie in ihrer Meinung, dass eine Ökonomie den Konkurrenzkampf brauche, um erfolgreich zu sein, wobei sich der Erfolg für sie vor allem an den Wachstumszahlen bemisst, für die sich alle abrackern, wobei aber nur einige davon profitieren. Diejenigen, die dabei auf der Strecke bleiben, seien letztlich selbst schuld an ihrer Misere. Die Idee einer Gesellschaft, in der alle – „jeder nach seinen Fähigkeiten und jedem nach seinen Bedürfnissen" – an einem Strang ziehen, um allen ein gutes Leben zu ermöglichen, erscheint ihnen als weltfremd.

– *„Planwirtschaft kann nicht funktionieren – sie muss an der Fülle der Daten und der Vielfalt der Bedürfnisse scheitern."*

Dieser generelle Verdacht bezüglich der Planung der Produktion erscheint seltsam, da doch jedes kapitalistische Unternehmen, ob klein oder groß, seine Produktion und Leistungserstellung plant. Darauf verzichtet kein Unternehmen, auch wenn am Ende „der Markt" darüber entscheidet, ob die Planung aufgeht oder nicht. Was die Konkurrenz anbietet und wie viel von der zahlungskräftigen Nachfrage abgeschöpft werden kann, lässt sich nicht planen. Dass die Planwirtschaft im realen Sozialismus nicht die gewünschten Ergebnisse brachte, lag nicht an der Überfülle der Daten, sondern an dem oben beschriebenen Kennzahlensystem ihrer Warenwirtschaft.[54] „Eine zentrale Planung vergeht sich nicht nur an den Prinzipien des Wirtschaftens, sondern auch an der Freiheit des Menschen."

Auch hier zeigt sich das Denkmuster: Weil im Kapitalismus, der ja so erfolgreich wirtschafte, zentrale Planung keinen Platz hat, gelte dies für das Wirtschaften im Allgemeinen, und darüber hinaus stelle sie einen Angriff auf das höchste Gut des Menschen dar. Da wird gar nicht näher hingeschaut, weshalb die Planung im Sozialismus so mangelhaft funktionierte, sondern sie wird daran blamiert, dass die Daten zentral zusammengefasst und verarbeitet wurden. „Zentral" wird auch damit gleichgesetzt, dass Einzelinteressen nicht genügend berücksichtigt werden – jeder wäre nur ein kleines Rädchen im großen Getriebe. Die Freiheit des Privateigentümers, ob als Kapitalist oder als Eigentümer der Ware Arbeitskraft, wird gegen die zusammenfassende Planung der Produktion ausgespielt. Dieser Gedanke leuchtet auch Linken und Alternativen ein: Alles, was zentral ist, steht für Bürokratie und Antidemokratie. Ein Organisationsprinzip der Produktion wird mit einem politischen System in eins gesetzt. Dabei ist selbst bei einem politischen System nicht im Vorhinein klar, dass eine zentrale Entscheidungsinstanz gegen die Interessen der Leute entscheidet – es kommt darauf an, was entschieden wird, wer entscheidet und wie entschieden wird.

– *„Kommunismus bedeutet Unterdrückung."*

Es steht außer Frage, dass die politische Herrschaft den realen Sozialismus mit einem erheblichen Maß von Gewalt durchgesetzt hat und mit einem ständig präsenten politischen Kontrollwesen aufrechterhielt. Das lässt sich aus dem oben beschriebenen ökonomischen System und der dazu passenden politischen Ideologie erklären. Man könnte auch darauf hinweisen, dass diese Herrschaft zwar von einer Partei organisiert wurde, die sich als kommunistisch bezeichnete, dass jedoch das, was sie ins Werk setzte, mit dem Kommunismus gerade das eine Merkmal gemein hatte, dass die Produktionsmittel und Grund und Boden nicht in der Hand von Privateigentümern waren. Doch Erklärungen und

---

54 Dieser prinzipielle Strukturfehler der realsozialistischen Ökonomie lässt sich übrigens auch mit noch so ausgefeilten Rechenmodellen, wie z. B. von *Paul Cockshot* und *Allin Cottrell,* nicht beheben.

Differenzierungen sind für die Apologeten des kapitalistischen Gemeinwesens überflüssig. Ihnen reicht der Verweis auf die Abschaffung des Privateigentums und auf eine etwas andere Auslegung der Meinungsfreiheit in den „Volksdemokratien", um den Kommunismus zu ächten und vor ihm zu warnen. Der letzte Grund der Hetze gegen die realsozialistischen Staaten und ihr Wirtschaftssystem lag allerdings darin, dass sich diese nicht umstandslos dem kapitalistischen Handel unterwarfen und den kapitalistischen Staaten auch militärisch einiges entgegenzusetzen hatten.

6.2 Die sozialistische Marktwirtschaft – Kapitalismus der besonderen Art

Unter den Revolutionen des 20. Jahrhunderts ist neben der Russischen vor allem die chinesische zu erwähnen. Die chinesischen Kommunisten wollten, ebenso wie die russischen, nicht nur den Feudalismus beseitigen und das imperialistische Joch abschütteln, sondern darüber hinaus auch eine nichtkapitalistische Wirtschaftsordnung aufbauen. Ab 1953 setzten sie das um, was in der Sowjetunion ab 1929 in die Wege geleitet wurde: allgemeine Kollektivierung und Einführung einer staatlichen Planwirtschaft, basierend auf einer Geldverrechnung. In dieser Periode des „Maoismus" traten ähnliche Probleme wie in der Sowjetunion auf, die Entwicklung verlief jedoch etwas anders.

Im Folgenden soll kurz auf die Periode ab 1994 eingegangen werden, die als „sozialistische Marktwirtschaft" bezeichnet wird und sich wegen ihres Staatsinterventionismus bei kapitalismuskritischen Ökonomen eine gewisse Anerkennung verschafft hat. Deshalb wird anschließend auch das Modell gleichen Namens, das gewisse Anleihen beim chinesischen Kapitalismus nimmt, vorgestellt, obwohl es als nicht realisiertes Konzept an sich ins Kapitel 4 („Vorschläge zur Umgestaltung des Kapitalismus") gehört.

6.2.1 Chinesisches Wirtschaftssystem ab 1994

Die politische Führung Chinas, die ab 1994 ihre Ökonomie stärker in Richtung Marktwirtschaft ausrichteten wollte, bezeichnet die Phase ihres „Sozialismus" als „sozialistische Marktwirtschaft". (Die Bezeichnung wurde 1993 in die Verfassung der Volksrepublik China aufgenommen.) Diese Ökonomie unterscheidet sich von einer „freien Marktwirtschaft" vor allem durch folgende Merkmale:

– Die für die nationalen Belange bedeutenden Großbetriebe in der Rüstungsindustrie, der Energieerzeugung, der Öl- und Petrochemie, dem Kohleabbau, der Telekommunikation, der Luft- und Schifffahrt bleiben unter der

„absoluten Kontrolle des Staates" und auch weiterhin gesetzlich öffentliches Eigentum. Diese Großbetriebe werden zwar vom Staat kontrolliert, jedoch wie privatwirtschaftliche Unternehmen geführt. Bei wirtschaftlichen Schwierigkeiten behält sich der Staat „Rettungsmaßnahmen" vor.
- Der Staat hält an Regulierungen im Finanzsektor fest, u. a. bei der Kreditvergabe und im Devisenhandel.
- Das Land wird von einer Partei, nämlich der kommunistischen, regiert, die sich die ideologische und politische Vormachtstellung nicht nehmen lassen will und die Marktwirtschaft als Methode erachtet, China zum Kommunismus zu führen.

Bei den ersten beiden Punkten handelt es sich um protektionistische Maßnahmen, die auch von anderen kapitalistischen Staaten manchmal ergriffen werden, wie z. B. in einigen Ländern nach dem 2. Weltkrieg, um die heimische Wirtschaft vor dem ausländischen Kapital zu schützen. Der dritte Punkt ist allerdings eine Besonderheit: Die ganz offensichtlich ins Werk gesetzte kapitalistische Produktionsweise wird von der chinesischen Führung nicht wie anderswo als ideale und endgültige betrachtet, sondern als notwendige Zwischenstufe auf dem Weg zu einer „sozialistischen Planwirtschaft" und schließlich zum Kommunismus – und deswegen als „sozialistische Marktwirtschaft" tituliert.[55] In dem 2012 abgesegneten Statut der KP Chinas wird die ökonomische Entwicklung Chinas folgendermaßen skizziert:

„China befindet sich jetzt im Anfangsstadium des Sozialismus und wird sich über eine längere Zeit in diesem Stadium befinden. Das ist ein unüberschreitbares historisches Stadium bei der sozialistischen Modernisierung im wirtschaftlich und kulturell rückständigen China, das mehr als einhundert Jahre in Anspruch nehmen wird." (6)

Als Grund für die derzeitige Wirtschaftspolitik wird gemäß Marxismus-Leninismus das Drehbuch des historischen Materialismus bemüht, das dieses „unüberschreitbare Stadium" vorschreibe. Damit hat die Führung Chinas auch den ideologischen Sanktus für die Etablierung des Kapitalismus in ihren Statuten festgehalten. Mit dem Kapitalismus soll die Ökonomie in Sachen Produktivkräfte auf Vordermann gebracht werden, um dann in ferner Zukunft in den Kommunismus hinübergleiten zu können. Es bleibt im Dunkeln, was „Kommunismus"

---

55 Der Begriff „sozialistische Marktwirtschaft" wird von den chinesischen Ökonomiestrategen offensichtlich gar nicht als Widerspruch begriffen. Ironischerweise will die Volksrepublik China schon seit Jahren von der WTO als „freie Marktwirtschaft" anerkannt werden, um nicht bei Klagen wegen Dumpingpreisen mit Strafzöllen belegt zu werden.

eigentlich bedeutet, nachdem schon der „Sozialismus chinesischer Prägung allen Wohlstand gebracht hat". Vermutlich einen Zustand, in dem aufgrund des „allgemeinen Wohlstands" eine klassenlose Gesellschaft ganz ohne Klassenkampf durch eine „Revolution von oben" entsteht. Bis es so weit ist, heißt es allerdings, den Klassengegensatz „produktiv auszunützen" und die kapitalistische Ausbeutung voranzutreiben:

> „In der gegenwärtigen Etappe ist der Hauptwiderspruch in der chinesischen Gesellschaft der Widerspruch zwischen den wachsenden materiellen und kulturellen Bedürfnissen des Volkes und der rückständigen gesellschaftlichen Produktion. Infolge inländischer Faktoren und internationaler Einflüsse wird der Klassenkampf in begrenztem Umfang noch lange Zeit existieren und sich unter bestimmten Bedingungen sogar verschärfen können, aber es ist nicht mehr der Hauptwiderspruch." (7)

An sich ist es kein Widerspruch, wenn die gesellschaftliche Produktion den „wachsenden materiellen und kulturellen Bedürfnissen" hinterherhinkt. Da kommt es darauf an, die gesellschaftliche Produktion zu steigern. Ein Widerspruch ist es allerdings, wenn diese Steigerung mit einer größeren Ausbeutung der Lohnarbeiter einhergeht, deren Interessen einen ökonomischen Gegensatz zu dem sie benützenden Kapital bilden, was als „Klassenkampf" bezeichnet wird. Für diesen Widerspruch wird von den Chefideologen nicht die von ihnen eingerichtete Ökonomie verantwortlich gemacht, sondern „inländische Faktoren" und „internationale Einflüsse" denen man irgendwie ausgeliefert sei. Statt diesen Widerspruch abzuschaffen, nimmt man sogar eine „Verschärfung" in Kauf – die Massen sollen jedoch durch eine wachsende Zahl an angebotenen Konsumgütern zufriedengestellt werden.

China hätte als weitgehend autarkes und militärisch starkes Land alle Trümpfe in der Hand, sich dem kapitalistischen Weltmarkt zu entziehen und einen Kommunismus, also eine Gesellschaft ohne Privateigentum, Lohnarbeit, Geld und Markt, nicht in ferner Zukunft, sondern in nächster Zeit zu organisieren und die Produktivkraft ganz ohne kapitalistische Ingredienzien zu steigern. Dazu wäre es nicht notwendig „einhundert Jahre" zu warten und vorerst den Kapitalismus zur vollen Blüte zu bringen. Es gibt in China auch Ökonomen, die sich einen schnelleren Übergang zum Kommunismus wünschen, als es die Programmatik der kommunistischen Partei vorsieht. Aber auch für diese Ökonomen steht außer Frage, dass der Weg dahin eines „Kapitalismus chinesischer Art" bedarf, den sie gemäß ihres „chinesischen Marxismus" als historisch notwendig ansehen.

6.2.2 Modell einer Übergangswirtschaft

„Sozialistische Marktwirtschaft" ist auch der Name eines Modells für eine Übergangs-ökonomie. Dieses Modell basiert auf einer Kritik der freien Marktwirtschaft und der Ökonomie des realen Sozialismus. Beispielhaft sei die Erläuterung der sozialistischen Marktwirtschaft von *Stephan Krüger* herangezogen.

Seine Kritik an der freien Marktwirtschaft besteht darin, dass der freie Markt Überakkumulation bzw. Unterkonsumation mit sich bringe und es so zu keiner effektiven Ausnutzung der volkswirtschaftlichen Ressourcen komme:

„Was die kapitalistischen Gesellschaften seit Mitte der 1970er Jahre erleben, ist ein mit der Überakkumulation von Kapital vorhandener Überfluss an produktiven Kapazitäten im Verhältnis zur zahlungsfähig werdenden Nachfrage der Gesellschaft." (8)

Das ist für Krüger aber kein Grund, gegen den Markt zu agitieren, sondern Anstoß, sich des Marktes in fürsorgender Absicht anzunehmen, die „schlechte" Seite des Marktes zu tilgen und seine „gute" wirken zu lassen. Dabei nimmt Krüger bei *John M. Keynes* Anleihe, der diesen Gedanken auch schon verfolgte und eine staatliche Wirtschaftspolitik mit Eingriffen in den Markt empfahl, die die Investitionstätigkeit und damit die Nachfrage auf den Märkten beleben sollte. Der Unterschied zu Keynes besteht vor allem darin, diese wirtschaftspolitischen Eingriffe mit einer „Vergesellschaftung des Eigentums" in Form von „Kooperativfabriken" zu verknüpfen:

„Gewinnt die Einsicht in den kapitalistischen Charakter der Krisen jedoch eine grö-ßere Verbreitung und greift die Politik der Arbeiterklasse und ihrer Repräsentanten (Gewerkschaften, politische Parteien) über die bloße Verteidigung einstmals erreichter Standards und Schutzrechte hinaus auf alternative Formen praktizierter Negation und Überwindung kapitalistischer Produktionsverhältnisse, stellen Kooperativfabriken der Arbeiter das ‚erste Durchbrechen der alten Form' dar und die ‚Aufhebung des Gegensatzes zwischen Kapital und Arbeit, so dass die Arbeiter als Assoziation ihr eigener Kapitalist sind' (vgl. MEW 25: 456)." (9)

Es ist nicht nachvollziehbar, weshalb ausgerechnet bei den Gewerkschaften und politischen Parteien aus der Tatsache periodischer Wirtschaftskrisen der Wille zur „Überwindung kapitalistischer Produktionsverhältnisse" erwachsen sollte – vielmehr ist bei ihnen das Bemühen zu erkennen, die Krisen mithilfe staatlicher Eingriffe zu bewältigen. Wenn man schon davon ausgeht, dass das Proletariat und seine „Repräsentanten" von einer revolutionären Regung erfasst werden, weshalb sollten sie dann Genossenschaften gründen, statt den Kapitalismus auf dem Müllhaufen der Geschichte zu entsorgen? Zu den Genossenschaften als erstem Schritt zur Aufhebung des Kapitalismus unter Beibehaltung von Privateigentum, Lohnarbeit, Geld und Markt ist in den vorangegangenen Kapiteln

schon einiges vermerkt worden. Die Bezugnahme auf die Bemerkung von Marx
zu den Kooperativfabriken unterschlägt dessen Feststellung an gleicher Stelle,
dass die Genossenschaften „alle Mängel des bestehenden Systems reproduzieren
und reproduzieren müssen".[56]

Während bei Marx die Kooperativfabriken ein „erstes Durchbrechen der
alten Form" sind, dem die Abschaffung von Eigentum, Lohnarbeit und Markt
zu folgen hätte, kommt für die Marktsozialisten Letzteres gar nicht in Frage. Sie
konstatieren, ähnlich wie die Ökonomen des realen Sozialismus, dass „Warenproduktion und Warenzirkulation" Bestandteil allen Wirtschaftens seien und es
deshalb falsch wäre, „mit der Überwindung der kapitalistischen Produktionsweise zugleich Ware und Geld zu negieren, ja diese Negation sogar zum Kriterium der Systemüberwindung der kapitalistischen Produktionsverhältnisse zu
machen"(10).

Aber die Berücksichtigung der „Warenbeziehungen" in einer Gesellschaft
soll keineswegs so vonstattengehen wie im realen Sozialismus. Dieser sei mit
seiner „zentralen Ex-ante-Planung gescheitert", nicht etwa weil er zu viel von
der Warenwirtschaft übernommen hätte, sondern zu wenig – Märkte ließen sich
nicht zentral planen. Das hat was für sich, denn der Markt ist der Ort, an dem
konkurrierende Privateigentümer aufeinandertreffen, um ihre Waren zu tauschen, im Kapitalismus also gegen Geld zu kaufen und zu verkaufen, und dieses
Prinzip halten die Marktsozialisten für grundvernünftig. Wer wie die bürgerlichen Ökonomen ständig auf die Knappheit der Güter verweist und den Preis

---

56 Zur innerbetrieblichen Demokratie und zur Mitbestimmung der Lohnarbeiter bei
    Unternehmensentscheidungen ist im Kapitel 4.3 und auch 5.1 ausführlich Stellung
    genommen worden. Es sei nochmals auf den Widerspruch hingewiesen, einerseits
    die Konkurrenz der Betriebe um Marktanteile und Profit als nützlich und notwendig
    für eine konsumentenfreundliche Produktion zu erachten, andrerseits zu ignorieren,
    dass die meisten Konsumenten ihr Einkommen als Lohn beziehen, der als Kostenfak-
    tor kalkuliert wird und im Sinne der erfolgreichen Unternehmensführung möglichst
    gering zu Buche schlagen sollte. An dieser Art der Verknappung an Zahlungsfähigkeit
    würde auch eine Mitbestimmung der Lohnarbeiter bei Unternehmensentscheidungen
    nichts ändern. Im Sinne der Konkurrenzfähigkeit des Betriebes und des Erhalts ihres
    Arbeitsplatzes und Einkommens sind sie gezwungen, bei den Lohnzahlungen Zurück-
    haltung zu üben - und Krisen werden dadurch nicht verhindert:
    „Der letzte Grund aller wirklichen Krisen bleibt immer die Armut und Konsumtions-
    beschränkung der Massen gegenüber dem Trieb der kapitalistischen Produktion, die
    Produktivkräfte so zu entwickeln, als ob nur die absolute Konsumtionsfähigkeit der
    Gesellschaft ihre Grenze bilde." (12)

der Waren als sinnvolle Bewältigung des Knappheitsproblems betrachtet, für den gibt es keine Alternative zur Marktwirtschaft, die von deren Apologeten als bester Umgang mit dem Problem angesehen wird.[57] Man bräuchte nur die

„Marktkräfte auf Marktkonstellationen unter gesellschaftlicher Kontrolle wirken zu lassen, ganz so, wie die Produktion mit den entwickeltsten Produktivkräften operiert, wenn sie Natur auf Natur, d. h. erkannte und im Arbeitsmittel inkorporierte Naturgesetze auf den Naturstoff (Arbeitsgegenstand) wirken lässt (Marx)." (11)

Unter „gesellschaftlicher Kontrolle" entfalte demgemäß der Warenmarkt seine segensreiche Rolle, die in ihm quasi wie ein Naturgesetz angelegt sei! Sich in solch einem Zitat wiederzufinden hätte Marx sehr aufgebracht, ging es ihm doch gerade darum, sich von der „knechtenden Unterordnung" unter ökonomische Verhältnisse zu befreien. Mit dieser Auffassung befindet sich Krüger übrigens in guter Gesellschaft mit den realen Sozialisten, die mit der kontrollierten Anwendung des Wertgesetzes die Warenproduktion steuern wollten. Doch die Abschaffung von Markt und freier Preisbildung wäre zu viel der Kontrolle und ein Verstoß gegen die Natur des Wirtschaftens. Zuerst kritisiert Krüger am freien Markt, dass er nicht für einen krisenfreien Verlauf des Kapitalismus sorgt, dann billigt er ihm natürliche Kräfte zu, „Allokationsprobleme" zu lösen – und zwar mit Hilfe einer „Makrosteuerung" der Märkte, dank derer die Marktwirtschaft zur sozialistischen wird. Diese Makrosteuerung sollte durch „öffentliche Beteiligungen an Unternehmen, die der Geschäftsführung strukturpolitische Ziele nahelegen sollen", die Schaffung von „Kreditinstituten, die Kredite mit strukturpolitischen Auflagen vergeben" und die Bildung von „öffentlichen Management-Agenturen in Unternehmensrechtsform, welche die Unternehmenspolitik begleiten und moderieren", erfolgen. Diese Makrosteuerung wird nicht nur in China, sondern auch in anderen kapitalistischen Staaten auch tatsächlich umgesetzt – allerdings nicht mit dem Ziel, den Sozialismus, sondern den jeweils nationalen Kapitalismus zu befördern.

Es ist also schwer auszumachen, wie es unter Beibehaltung von Privateigentum (wenn auch großteils in genossenschaftlicher Unternehmensform), Lohnarbeit, Geld und Markt gelingen soll, einen menschenfreundlichen Sozialismus zu schaffen. Eine Abschaffung von Markt und Geld hält Krüger „vom heutigen Standpunkt für spekulativ". Eigentlich braucht man gar keinen Gedanken an einen Kommunismus verschwenden, denn mit einem Markt und Geld

---

57 Krisen haben u. a. darin ihren Grund, dass das Angebot an Waren die zahlungskräftige Nachfrage nicht deckungsgleich sind.

unter gesellschaftlicher Kontrolle werden laut Krüger ohnehin „genau die-jenigen Produkte und Dienstleistungen produziert, die der Konsument auch wünscht" (13).

Wünschen kann man sich einiges, aber ob man es sich auch leisten kann, ist eine andere Sache. Was sollte sich daran in einer „sozialistischen Marktwirt-schaft" ändern?

7. Zwischenergebnis

Die wesentlichen Charakteristika des Kapitalismus sind Privateigentum, Lohnarbeit, Geld als Kapital, der Markt und der bürgerliche Staat. Will man den Kapitalismus aus der Welt schaffen, müssen sie alle beseitigt werden, andernfalls kommt es zu keiner vollständigen Befreiung von den Sachzwängen dieser Ökonomie und der politischen Herrschaft, die sich darauf bezieht.

Es wurde viel über das Ende des Kapitalismus nachgedacht, doch die Überlegungen gingen von fehlerhaften Erklärungen des Kapitalismus und seiner Entwicklung aus.

Dass der Kapitalismus nur ein Zwischenstadium in der Entwicklung darstelle, entnehmen manche einer philosophischen Betrachtung der Geschichte, die tendenziell in Richtung Befreiung von politischer und ökonomischer Repression fortschreite (und dem tröstlichen Allerweltsgedanken, dass alles einmal ein Ende habe). Auch wenn sich, vor allem in den letzten 60 Jahren, vieles an der Erscheinung des Kapitalismus verändert hat, seine wesentlichen Merkmale hat er beibehalten. Der moderne Sozialstaat ist kein Gegenpart zum Kapitalismus, sondern ergänzt diesen, indem er sich in unterschiedlichsten Varianten und Ausprägungen um die vom Kapitalismus verursachten Schädigungen kümmert[58]. In gesellschaftskritischen Kreisen hat es schon immer den Standpunkt gegeben, dass es mit dem Kapitalismus so nicht weitergehen kann. Von Engels bis Mason wird ein ganzes Register an Argumenten für den notwendigen Untergang des Kapitalismus geliefert. Angesichts der Probleme und Widersprüche, die sich in dieser Ökonomie auftun, kommen die Kritiker zum Schluss, dass dieses Gesellschaftssystem nicht auf Dauer bestehen könne. Diese Untergangsprophetien sind nicht eingetreten, weil Fehler in der Analyse vorlagen und die Reformaktivität der Staaten, die Marktwirtschaft zu erhalten, unterschätzt wurde. Da wurde und wird von politischer Seite einiges unternommen, um die „Wirtschaft" in

---

58 Die „Wirtschaft" dürfe jedenfalls nicht unter den staatlichen Eingriffen leiden – schließlich seien „wir ja alle davon abhängig". Aber auch der soziale Zusammenhalt soll funktional bleiben. In der Schwerpunktsetzung auf das eine oder andere der beiden Momente unterscheiden sich neoliberale und linksliberale Denkweisen. Während die einen meinen, durch eine stärkere Freisetzung von Kapitalinteressen profitiere letztlich auch die Allgemeinheit, sehen die anderen durch Eingriffe in das Sozialwesen und in die Ökonomie die Chance, das Wohl der Nation voranzubringen. Die Politik gibt mal diesem, mal jenem Standpunkt recht.

Gang zu halten. Dass die Staatsgewalt ökonomisch einiges bewirken, zwar nicht unbedingt die Krisen, jedoch den Zusammenbruch des politökonomischen Systems verhindern kann, hat sie schon oft bewiesen. Immer wieder wurde das Vertrauen in kapitalistisches Geld wiederhergestellt – mit welchen Maßnahmen auch immer. Und daran hatten alle ein Interesse: die Politik, die „Wirtschaft", das „Volk", selbst so mancher Linke warnte vor einem Desaster, wenn es nicht gelänge, die Verhältnisse zu stabilisieren. Nach bewältigten Krisen werden die Kassandrarufe leiser, aber sie verstummen nicht – die Warnenden immunisieren sich gegen jede Kritik mit dem Hinweis, dass es nur eine Frage der Zeit wäre, wann der finale Countdown eingeläutet wird.[59]

Die moderne Technik verändert die Produktionsprozesse und die Zirkulation. Sie verändert die Arbeit und die Reproduktion der Lohnarbeiter, sie schafft neue Bedingungen und auch Probleme im Verwertungsprozess. Sie ist in ihrer kapitalistischen Anwendung nicht nur Segen, sondern auch Fluch. An den wesentlichen Merkmalen des Kapitalismus rüttelt sie – und auch die Menge an Informationen, die eigentümerlos durch den Äther und die Kabel schwirren – jedoch nicht. Ihre segensreiche Seite könnte sie erst jenseits des Kapitalismus so richtig entfalten.

Nun ist das Warten auf den Untergang manchen Kapitalismuskritikern zu wenig. Sie entwerfen Modelle, wie ein Hinübergleiten in eine andere Ökonomie gelingen könnte. Es sieht dabei so aus, als ob viele Kapitalismuskritiker den Kapitalismus vor sich selbst retten bzw. dessen „gute" Seiten in ein Reformmodell verpacken wollen – diesbezüglich gibt es eine Menge an konstruktiven Vorschlägen:

Dazu zählen das bedingungslose Grundeinkommen, die Gemeinwohlökonomie, die Wirtschaftsdemokratie und der Postwachstumsgedanke, die Themen wie die soziale Absicherung, das Gemeinwohl, die demokratische Mitbestimmung und den Erhalt einer intakten Umwelt, welche in der bürgerlichen Öffentlichkeit debattiert werden, aufgreifen. Da sie die wesentlichen Merkmale des Kapitalismus unangetastet lassen, verschaffen sie sich in der Öffentlichkeit zumindest fallweise Gehör – denn dass es mit dem Kapitalismus, der so viele Probleme verursacht, so nicht weitergehen kann, ist noch beinahe jedem Bürger geläufig, vor allem dann, wenn eine Krise angesagt ist. Dass diese Ideen tatsächlich in

---

59 Vorhersagen für eine Materie zu treffen, für die keine Naturgesetze gelten, ist ein fragwürdiges Unterfangen. Vorauszusagen, dass der Kapitalismus scheitern muss, ist genauso unsinnig wie zu behaupten, dass es auch weiterhin gelingen wird, das Vertrauen in den kapitalistischen Markt und das Geld herzustellen.

die praktische Politik einfließen, ist aber nicht sehr wahrscheinlich, es ist eher anzunehmen, dass sie in der Schublade „Schön wär's, aber ..." abgelegt werden. Selbst wenn einiges davon tatsächlich umgesetzt würde – es wäre nur eine weitere Reform des Kapitalismus und hätte nicht seine Abschaffung zur Folge.

Eine besondere Art einer Reform des Kapitalismus wird von den Marktsozialisten vertreten. Sie haben ein ähnliches Ideal einer Waren-Geld-Wirtschaft ohne Krisen und ohne allzu große Einkommensschere wie die realen Sozialisten, das aber den Markt nicht missen will. Es wird so getan, als ob sich mit ein paar Reformen, aber mit Beibehaltung von Privateigentum, Lohnarbeit, Geld und Markt aus dem „sozial ungerechten" und krisenanfälligen Kapitalismus eine sozial verträgliche Marktwirtschaft machen ließe. So auch „Die Linke", die mit dieser Verheißung im Angebot bei demokratischen Wahlen antritt und sich die Stimmen von sozialkritischen Bürgern abholt. Selbst bei einer Beteiligung an einer Regierungskoalition ist nicht zu erwarten, dass eine Reform in ihrem Sinne gelingen könnte. Und wenn eine Partei links von der Sozialdemokratie, kapitalismuskritisch, jedoch nicht kapitalismusfeindlich gesinnt, die Regierungsmacht erklimmt, so wie in Griechenland oder in einigen lateinamerikanischen Ländern, so setzt die internationale ökonomische und politische „Wertegemeinschaft" alles daran, die Renegaten wieder zur Räson zu bringen.

Andrerseits wurden und werden auch tatsächlich Alternativen zum kapitalistischen Wirtschaften etabliert.

Die wirkmächtigsten Versuche dieser Art wurden von Staaten unternommen. Die von ihnen eingerichteten nichtkapitalistischen Wirtschaftssysteme sind allerdings (bis auf wenige Ausnahmen) schon Geschichte. Aufgegeben wurden sie nicht deswegen, weil sie nicht funktionierten, sondern weil sie in den Augen der Staatslenker die nationale Reichtumsvermehrung nicht in demselben Maße beförderten wie der Kapitalismus. Auch wenn diese Systeme nicht kapitalistisch waren, sollten sie dennoch nicht als Vorbild für eine zukünftige Alternative genommen werden. Zwar wurde dort das Privateigentum und der darauf beruhende Markt abgeschafft, die restlichen Merkmale des Kapitalismus wurden jedoch (in abgewandelter Form) beibehalten und eine staatlich dirigierte Warenwirtschaft, basierend auf geldbezogener „Wertproduktion" und Lohnarbeit, organisiert. Dabei verglichen die Führer der realsozialistischen Staaten sich mit dem Kapitalismus nicht nur in Sachen Produktion von nationalem Reichtum, sondern auch im Hinblick auf die imperialistische Macht, die von den kapitalistischen Nationen weltweit ausgeübt wurde. Und diese trugen der Sowjetunion und auch China die Feindschaft nicht nur deshalb in besonders erbitterter Form an, weil der sozialistische Block einen unumgehbaren Machtfaktor in der Welt darstellte, sondern weil sie im „Kommunismus" eine Gefährdung der freiheitlichen demokratischen Welt ausmachten.

Andere praktizierte Alternativen existieren innerhalb des Kapitalismus: Als Mutter der Antikapitalismusprojekte wird oft die Genossenschaftsbewegung angesehen. Diese war allerdings von Anfang an eher darauf ausgelegt, ihren Mitgliedern – mit wenig Kapital ausgestatteten Marktteilnehmern – durch den Zusammenschluss wirtschaftliche Vorteile zu verschaffen. Genossenschaften mit einem gesellschaftspolitischen Anliegen hatten und haben sich mit dem Widerspruch herumzuschlagen, einerseits innerhalb der Genossenschaft kapitalrelevante Kriterien einzuschränken, andrerseits am kapitalistischen Markt als konkurrenzfähiges Unternehmen bestehen zu müssen. Am deutlichsten tritt dieser Widerspruch bei Produktionsgenossenschaften zutage, wo der Genossenschafter Lohnarbeiter und Kapitaleigner in einer Person ist. An diesem Widerspruch wird sich durch noch so viel Selbstverwaltung und Mitbestimmung nichts ändern. Der Aufbau einer Parallelwirtschaft zum Kapitalismus könnte mit den Genossenschaften nur gelingen, wenn durch den Zusammenschluss von Genossenschaftsbetrieben eine Produktion auf die Beine gestellt wird, die ein gutes Leben für alle Genossenschafter ermöglicht und die Abhängigkeiten vom kapitalistischen Markt stark reduziert. Dann könnten auch die Verhältnisse innerhalb des Genossenschaftsverbunds ohne Privatkapital, Lohnarbeit und Geldverrechnung gestaltet werden. Eines der in dieser Hinsicht erfolgreichsten Projekte war die Kibbuzbewegung. Ihr Erfolg beruhte darauf, dass sie sich vorerst nicht innerhalb eines kapitalistischen Marktes bewähren musste und durch Spenden am Leben erhalten wurde. In der Aufbauphase Israels wurde sie aus nationalem Interesse staatlich unterstützt, sie war aber von Anfang an nur ein Beiwerk zur sich kapitalistisch entwickelnden israelischen Gesellschaft. Mit dem Erstarken des nationalen Kapitalismus verlor sie immer mehr an Bedeutung. Auch an der Kibbuzbewegung zeigt sich, wie schwer es sogar unter relativ günstigen Bedingungen ist, die Abhängigkeiten vom kapitalistischen Markt und vom bürgerlichen Staat zu überwinden bzw. zu minimieren.

Das Gleiche trifft auch auf die solidarische Ökonomie in Südamerika zu, vor allem die in Brasilien, die als sozialstaatlich orientierte Maßnahme der ehemals linksorientierten Regierung ihre Blüte erreichte. Wie lange sich diese Projekte, die sich meist gar nicht als antikapitalistisch verstehen, gegenüber den Interessen von großen Unternehmen an der Ausbeutung von Land und billigen Arbeitskräften behaupten können, wird auch von der Unterstützung der jeweiligen Regierung abhängen. Die Projekte der solidarischen Ökonomie in Europa sind vielfältiger Art und haben einen unterschiedlichen ideologischen Hintergrund. Eine gewisse Bedeutung erlangen sie derzeit in Griechenland, wo sie versuchen, trotz der verheerenden Wirkungen der aufgezwungenen Austeritätspolitik eine Reproduktion in kleinem Maße aufrechtzuerhalten. Es ist allerdings nicht abzusehen, wie aus diesem „Notprogramm" eine machtvolle Bewegung zur Abschaffung des Kapitalismus werden könnte, selbst wenn die Syriza-Regierung länger an der Macht bleiben sollte.

Der durch die Studien von Elinor Ostrom in Mode gekommene Begriff der Commons beseelt die gesellschaftskritischen Kreise mit der Vorstellung einer Nutzung von Ressourcen in kooperativer Weise ohne kapitalistische Zwänge. Derzeit ist jedoch von einer „Zurückeroberung von Commons" die Rede, das Ziel ist also nicht, den Kapitalismus offensiv zu bekämpfen, sondern ihm einen Abwehrkampf gegen die Privatisierung und Kommerzialisierung aller Lebensbereiche zu liefern. Als prominentestes Beispiel für „Commonisierung" wird meist die Open-Source-Bewegung herangezogen, deren Produkte eine gewisse Entkopplung von der kapitalistischen Verwertungslogik zulassen, deren Protagonisten sich allerdings gar nicht als antikapitalistische Agitatoren sehen, sondern als leuchtende Beispiele für Freiheit und Unabhängigkeit. Ein Großteil der Open-Source Software wurde mittlerweile wohlwollend in die kapitalistische Warenproduktion integriert.[60]

Auch ernsthafte und engagierte Kapitalismuskritiker neigen dazu, Proteste und Aktionen von „bewegten" Menschen falsch einzuschätzen und zu überschätzen. Von A wie Arabischer Frühling bis Z wie Zapatista-Aufstand, überall wird revolutionäres Potential entdeckt. Die tatsächlichen Anliegen der Aktionisten werden kaum kritisch hinterfragt, sondern umstandslos in eine fiktive demokratische und kapitalismuskritische Einheitsfront eingemeindet. Kaum wird irgendwo gegen irgendwas protestiert, keimt sofort die Hoffnung, dass sich Widerstand im Sinne der Kritiker regt und eine Gesellschaftsveränderung bevorsteht. Äußert man an solchen Bewegungen und ihren kapitalismuskritischen Einsichten Kritik, wird man schnell als „Defätist", „Spalter" oder „Vertreter ewiger Wahrheiten" ins Abseits gestellt.

---

60 Auf die Besprechung der vielen Aussteigerprojekte ohne gesellschaftspolitischen Anspruch, darunter fallen auch einige religiös geprägte Gemeinschaften mit unterschiedlichsten Auffassungen über ein gottgefälliges Leben, wurde aufgrund ihrer zweifelhaften Bedeutung für die gesellschaftliche Organisation einer alternativen Ökonomie verzichtet.

8. Wie der Kapitalismus an sein Ende käme

Nach diesem (ernüchternden) Zwischenergebnis stellt sich nun die Frage: „Was tun?" Die Antwort ist eigentlich altbekannt, sie ist allerdings in den letzten Jahrzehnten etwas in Vergessenheit geraten, weil sie – zu Unrecht – als überholt gilt: Es bedarf einer radikalen Lösung, einer Revolution, um den Kapitalismus loszuwerden, und um sie herbeizuführen, einer intensiven Agitation als Kritik der ökonomischen und der politischen Verhältnisse.

8.1 Der radikale Schnitt – Revolution

Ende des Kapitalismus heißt Aufhebung von Privateigentum, Lohnarbeit, (kapitalistischem) Geld, Markt und bürgerlichem Staat. Wie bereits erläutert, kann das weder Resultat eines sich selbst befeuernden geschichtlichen Fortschritts sein noch durch eine Reform des Kapitalismus, bei der nur einzelne seiner Merkmale verändert werden, erreicht werden. Reformatorische Konzepte, den Kapitalismus, etwa durch Maßnahmen, wie sie von Keynes vorgeschlagen wurden, vor sich selber zu retten, gehen an dem Ziel vorbei, den Kapitalismus abzuschaffen – auch wenn sie nur als Zwischenschritt gesehen werden. Nicht nur dass dabei der Widerspruch propagiert wird, den Kapitalismus zu retten, um ihn dann abzuschaffen, ist abstrus, sondern auch die Vorstellung, so ein Zwischenschritt würde ein Übergang zu einer nichtkapitalistischen Gesellschaft sein. Offenbar sind für viele, die dieser Vorstellung anhängen, Privateigentum, Lohnarbeit, Geld und Markt auch Bestandteile ihres Alternativkonzepts. Werden, wie im realen Sozialismus, Merkmale des Kapitalismus, z. B. das Privateigentum an Produktionsmitteln und der freie Markt, gänzlich abgeschafft, aber andere wie Lohnarbeit, Geld beibehalten, führt das zwar zu einer grundlegenden Umgestaltung der Wirtschaftsordnung, aber nicht zu befriedigenden Ergebnissen.

Will man wirklich vom Kapitalismus loskommen, dann ist ein radikaler Schnitt erforderlich. Auch wenn es denkbar ist, dass der Weg zu einer nichtkapitalistischen Alternative (die als „Kommunismus", „Commonismus", „Ecommony" oder anders bezeichnet werden kann) aus organisatorischen Gründen über eine Übergangsgesellschaft führt, so sollte diese nur ein kurzes Zwischenstadium bilden. Um die bestehenden Verhältnisse radikal zu verändern, ist eine Revolution notwendig.

Um sie in Angriff zu nehmen, bedarf es erstens einer großen Anzahl von Menschen, die wissen, weshalb der Kapitalismus schädlich für sie ist und wie eine menschenfreundliche Ökonomie organisiert werden könnte, und die auch bereit sind, ihre bisherigen Lebensbedingungen aufzugeben und sich auf eine vorerst ungewisse Zukunft einzulassen, denn der Ausgang der Revolution ist nicht vorhersehbar.

Der Erfolg einer Revolution würde von folgenden Bedingungen abhängen:

Erstens müsste es gelingen, durch Massenstreiks die kapitalistische Wirtschaft lahmzulegen. Steht den Revolutionären der Gewaltapparat nicht zur Verfügung, so sind Arbeitsniederlegungen das einzige Mittel, dem Kapitalismus und dem bürgerlichen Staat wirkliche Probleme zu bereiten.

Zweitens sollten die gewaltsamen Auseinandersetzungen kurz und der dadurch entstehende Schaden für Menschen und Infrastruktur gering gehalten werden.

Drittens würde es darauf ankommen, die Umstellung auf die postkapitalistische Ökonomie zügig umzusetzen, um Versorgungsengpässe zu vermeiden.

Viertens würde es notwendig sein, die Revolution in einem großen, länderübergreifenden Areal durchzuführen, das so weit autark ist, dass es sich dem kapitalistischen Welthandel entziehen und den Angriffen des imperialistischen Kapitalismus trotzen kann – der Idealfall wäre demgemäß eine weltweite Revolution.

Nicht auszuschließen ist auch eine „Revolution von oben" durch eine antikapitalistische Partei, die über eine demokratische Wahl an die Macht gelangt. Allerdings ist fraglich, ob eine Partei mit einem solchen Programm überhaupt zu den demokratischen Wahlen zugelassen wird und wenn ja, ob ihr dann die Macht ohne Widerstände überlassen und die Durchführung ihres Vorhabens gestattet wird. Ein schiedlich-friedlicher Übergang wäre auch in diesem Fall nicht zu erwarten.

Mit den Details einer Revolution haben sich die Revolutionäre zu gegebener Zeit am gegebenen Ort zu beschäftigen.

Da derzeit keine Revolution in Sicht ist, der Kapitalismus in den kapitalistischen Metropolen gemäß dem Thatcher-Motto TINA („There is no alternative") von den bürgerlichen Staaten betreut und von den Bürgern als ihre einzig mögliche Reproduktionsmöglichkeit gesehen wird, haben viele Kapitalismusgegner eine Revolution ad acta gelegt und halten sie für ein veraltetes Konzept. Sie setzen ihre Hoffnung auf die „List der Vernunft", einen Zusammenbruch des Kapitalismus, auf eine technische Revolution, welche die gesellschaftliche mit sich bringen werde, und eine Politik der kleinen Schritte. Dazu ist in den vorliegenden Abschnitten Stellung genommen worden.

8.2 Agitation

Dass der Weg in eine menschenfreundliche ökonomische Alternative über „das Bewusstsein der Massen" führt, ist vielen bekannt, doch daran knüpfen sich die unterschiedlichsten Konnotationen. In früherer Zeit bedeutete dies, sich dem Bewusstsein der Arbeiterklasse als revolutionäres Subjekt zu widmen und Überlegungen anzustellen, wie man sich ihm anzunähern habe. Statt das „notwendig falsche Bewusstsein" (Marx) der Massen bezüglich Ökonomie und politischer Herrschaft zu kritisieren, wurde darauf positiv Bezug genommen, was schließlich in den systemimmanenten Forderungen nach „sozialer Gerechtigkeit" und dem „Erhalt von Arbeitsplätzen" mündete. Mittlerweile sind diese Themen von beinahe allen bürgerlichen Parteien besetzt und den „Linkslinken" bleibt nur die Betonung, dass sie es mit ihren Anliegen wirklich ernst meinen.

Die Arbeiterklasse für eine Aufhebung des Kapitalismus zu agitieren gilt heutzutage als überholt: Das wird mit dem kontrafaktischen Argument begründet, den Leuten gehe es zu gut, oder der Feststellung, dass es die Arbeiterklasse im ursprünglichen Sinne gar nicht mehr gebe. Das sieht darüber hinweg, dass das Proletariat im Marx'schen Sinne eine ökonomische Bestimmung ist und alle umfasst, die der Ausbeutung der Arbeitskraft unterliegen, worunter heutzutage nicht nur die sogenannten Arbeitnehmer fallen, sondern auch die im Prekariat arbeitenden, sich hochgradig selbst ausbeutenden Selbständigen.

Die Voraussetzung für eine Gesellschaftsveränderung wird vielmehr in einer anderen Einstellung zum Mitmenschen gesehen. Solidarität, Gleichberechtigung, Mitbestimmung, Empathie solle vermittelt und gelebt werden. Da braucht man allerdings nicht großartig agitieren, denn diese Werte sind als moralischer Gegenpol zur „realen Konkurrenzökonomie" bei den breiten Massen durchaus beliebt.

Wenn die bestehende Ökonomie abgeschafft werden soll, so muss nicht nur ein Wissen darüber bestehen, wie sie funktioniert und weshalb so viele so wenig davon haben, sondern auch daraus abgeleitet werden, was in einer menschenfreundlichen Ökonomie keinen Platz mehr haben soll. Es geht also bei der Agitation nicht nur um Erklärung bzw. Aufklärung, sondern auch, wie bereits erwähnt, um die Kritik des „notwendig falschen Bewusstseins" – und zwar nicht nur der Arbeiterklasse. Jener Begriff bedeutet nicht, dass die Bürger sich nicht anders auf die herrschenden Verhältnisse beziehen können, sondern dass sie, wenn sie mit und in ihnen zurechtkommen wollen, sich auch positiv auf diese beziehen und dadurch zu falschen Urteilen gelangen. Damit soll nicht gesagt sein, dass die Bürger alle politischen und ökonomischen Maßnahmen, die ihnen vorgesetzt werden, unkritisch hinnehmen. Die Bürger sind durchaus kritisch – doch meistens nicht hinsichtlich der ökonomischen Merkmale des Kapitalismus sondern hinsichtlich der Moral in dieser Konkurrenzgesellschaft. Im Folgenden sei, nun bezogen auf die Agitation, nochmals auf die grundlegenden Merkmale des Kapitalismus hingewiesen.

8.2.1　Ad Privateigentum

Das Privateigentum, auf das jeder Bürger Anspruch hat, ist eine Einrichtung des bürgerlichen Staates und ein wesentliches Merkmal des Kapitalismus. Es ist nicht notwendiges Element einer Gesellschaft schlechthin, sondern notwendiger Bestandteil des Rechtssystems, auf dem der Kapitalismus beruht.

Eine Eigenheit des kapitalistischen Eigentums ist, dass es die Grundlage für die Reproduktion der Gesellschaft und ihrer Mitglieder ist. Die Triebfeder dieser Ökonomie ist keineswegs, alle mit ausreichenden Gütern zu versorgen, sondern Eigentum zu vermehren. Dafür werden diejenigen Bürger benützt, die nur ein Asset als Eigentum einzubringen haben, nämlich ihre Arbeitskraft. Diese Gesellschaft scheidet also ihre Mitglieder, was die stoffliche Reproduktion betrifft, in solche, die ihr Eigentum vermehren, und andere, die sich dafür ausbeuten lassen. Privateigentum bedeutet nicht nur Anspruch auf den Reichtum dieser Gesellschaft, sondern auch den Ausschluss davon, wenn das Privateigentum, sprich die Ware Arbeitskraft, selbst nicht zu seiner Vermehrung taugt. Dass jedem in dieser Gesellschaft das Recht eingeräumt wird, ein veritabler Privateigentümer zu werden, bedeutet nicht, dass für jeden so ein Plätzchen reserviert wäre. Für viele bleibt nur die Möglichkeit, sich von Privateigentümern ausbeuten zu lassen oder sich als Kleinunternehmer selbst auszubeuten.[61] Wie gehen nun die meisten mit dieser Tatsache um? Sie bekommen schon in jungen Jahren mit, dass Eigentum wichtig ist und per Gesetz geschützt wird. Ihnen wird auch erzählt, dass jeder in der bürgerlichen Gesellschaft Eigentum erwerben und vermehren könne und dass das eine der großen Errungenschaften der Französischen Revolution sei. Sie sehen, was sich einige Bürger alles „geschaffen" haben und sich leisten können. So manche meinen, dass der Kommunismus eine schöne Idee aber auch gefährliche Idee sei, und deshalb nicht funktioniere bzw. gescheitert sei, weil in ihm Privatinitiative und individuelle Freiheit nichts zählen.

Nun sind die meisten Staatsbürger nicht deshalb Anhänger des Privateigentums, weil sie der Propaganda unterliegen, sondern sie nehmen die

---

61　Ein sicheres Ruhekissen ist ein kleines Privatvermögen in dieser Gesellschaft allerdings auch nicht – nicht nur Fehlspekulationen, sondern auch Wirtschaftskrisen, Kriege und Währungsreformen können dieses im Nu vernichten.

gesellschaftlichen Verhältnisse so an, wie sie sind, weil sie dazu gezwungen sind – nur mit der Anerkennung des Privatkapitals, so und nicht anders, geht ihre Reproduktion. Wer sich nicht daran hält, wird ein Fall für die Justiz (oder die Psychiatrie). Auch wenn sie zu kurz kommen, führen sie das nicht auf das kapitalistische Wirken des Privateigentums zurück, sondern meinen, es sei Ungerechtigkeiten oder ihrer eigenen Unfähigkeit geschuldet. Sie halten das Privateigentum für natürlich und vernünftig, wenn es auch ab und zu vom Staat in die Schranken verwiesen werden sollte. So manche verbinden das Recht auf Privateigentum mit der Moral, dass jeder seines Glückes Schmied ist, und richtig Begeisterte schwärmen von einem System der „unbegrenzten Möglichkeiten" in dem sie Chancen für ihr eigene Karriere sehen und sich in der Konkurrenz durchzusetzen.

Die Eigentümer von Produktionsmitteln konkurrieren um ihren Anteil an den Profiten und unterwerfen die Menschen als Lohnabhängige und auch als Konsumenten ihrer Profitkalkulation. Da unterscheiden sich die kleinen nicht von den großen Unternehmen und die Banken nicht von anderen Unternehmen. Die Existenz eines Großteils der Menschen hängt von den Kalkulationen des Privatkapitals ab, und viele werden gemäß diesen Kalkulationen benutzt und verschlissen. Und diejenigen ohne erhebliches Privateigentum treten überdies am Arbeitsmarkt gegeneinander an.

Diese Art von Freiheit, durch die so viele Gegensätze in die Welt kommen, ist wirklich nicht wert, verteidigt zu werden.

8.2.2 Ad Lohnarbeit

Die Arbeit, auf die es im Kapitalismus ankommt, ist Lohnarbeit. Sie ist neben der Natur und dem Geld Quelle des Reichtums in dieser Ökonomie. Von dem produzierten Reichtum, der als „ungeheure Warensammlung" (Marx) vorliegt, sind die Lohnarbeiter vorerst einmal ausgeschlossen, denn dieser gehört den jeweiligen Privateigentümern. Mit dem Entgelt erschließt sich dann dieser Reichtum für einige mehr, für viele weniger.

Es wäre angesichts dessen, wie die Lohnarbeit beschaffen ist, vermessen zu behaupten, wer viel arbeite, der bringe es zu was. Erstens ist es vor allem Ermessenssache des „Arbeitgebers" (zur ideologischen Verkehrung der Begriffe „Arbeitgeber" und „Arbeitnehmer" wurde schon in Kapitel 2.2 Stellung genommen), wie viel er bereit ist, für die Arbeit zu zahlen und aufgrund der in der Regel großen Nachfrage nach Arbeitsplätzen liegt die Erpressungsmöglichkeit ganz auf seiner Seite. Der durch das Vertragsverhältnis erzeugte Schein einer Ausgewogenheit der Interessen wird durch den Inhalt des Dienstvertrags als eine sehr einseitige Interessensangelegenheit zurechtgerückt – die Tag für Tag zu vollziehende Arbeit und der entsprechende Lohn sind vorgegeben. Durch den „stummen Zwang" der Verhältnisse lassen sich die Lohnabhängigen auf dieses Angebot ein und nehmen es oft dankbar an.

Zweitens haben sich die Arbeitenden mit dem Antritt der Arbeit in den Dienst des „Arbeitgebers" zu stellen und diesen nach dessen Kalkulationen zu leisten. Da reicht es oft nicht, dass man bloß arbeitet, sondern es wird Leistung verlangt – die Arbeitskraft soll sich ja lohnen. Auch darauf lassen sich die Lohnabhängigen ein.[62] Entrüstung kommt bei den Lohnabhängigen nur dann auf, wenn sich trotz ihres aufopfernden Einsatzes herausstellt, dass ihre Arbeitskraft nicht mehr benötigt wird. Sie können sich nicht freuen, von der ihre Physis und Psyche angreifenden Arbeit freigestellt zu werden – nein, sie begreifen sich plötzlich als „Sozialfall" und „Problem" und werden in dieser Gesellschaft auch so behandelt. Sie sehen den Grund ihres Elends nicht in den im Kapitalismus üblichen Kalkulationen des Betriebes, sondern in sich selbst, einer verfehlten Firmenpolitik, missliebigen Kollegen, Ausländern, modernen Maschinen etc.

Der recht einseitigen Angelegenheit des Lohnverhältnisses wollen die Gewerkschaften etwas entgegensetzen. Trotz ihres oft kämpferischen Gehabes fügen sich die Gewerkschaften recht funktionell in den Kapitalismus ein, denn sie sind keine revolutionäre Bewegung, die den Kapitalismus aus den Angeln heben will, ihr Anliegen ist das Zurechtkommen der jeweils inländischen Lohnarbeiter im Kapitalismus. Sie machen sich für die Belange der Lohnabhängigen stark, doch das immer mit Maß und Ziel, um den „Partner Wirtschaft" nicht kaputtzumachen, sondern als verlässlichen Partner zu erhalten.[63] Insofern ist es auch zweifelhaft, die Gewerkschaft als potentiell revolutionäre Kraft anzusehen – sie ist eine „Kampforganisation", die für den Erhalt kapitalistischer Arbeitsplätze und nicht für deren Abschaffung eintritt. Sie macht „Realpolitik" und will mit revolutionären Ansprüchen nichts zu tun haben.

Dabei sehen sich Gewerkschafter als Kämpfer für eine „soziale Gerechtigkeit" – ein Titel, den einige Mitglieder dieser Gesellschaft immer im Munde

---

62 Auch wenn die Staatsangestellten nicht unmittelbar in die Wertproduktion eingebunden sind, werden sie als Kostenfaktor budgetiert; die Zeiten, in denen sich alle Beamte einer gesicherten Lebensstellung erfreuen konnten, sind auch längst vorbei.

63 Ihr stärkstes Druckmittel, die Interessen von Lohnabhängigen durchzusetzen, ist der Streik. Großflächige längerfristige Generalstreiks wären durchaus ein Mittel, den Anfang vom Ende des Kapitalismus herbeizuführen. Die Gewerkschaften sehen Streiks allerdings als das letzte Druckmittel, die „Arbeitgeber" an den Verhandlungstisch zu bringen.

führen, wenn es in ihren Augen zu Benachteiligungen kommt (siehe dazu auch das Kapitel 4.3.3). Die Reproduktion wird an einem Ideal gemessen, dem zufolge alle Beteiligten irgendwie auf ihre Rechnung kommen sollen. Die Konkurrenz der Marktteilnehmer wird zur Kenntnis genommen, sie sollte allerdings „fair" gestaltet sein. Da steht man dann vor der großen Aufgabe, sich Kriterien für Fairness auszudenken. Die Gewerkschaft hat dafür ganze Tabellen mit unterschiedlichsten Lohnstufen vorgesehen – und muss sich von anderen den Vorwurf gefallen lassen, dass diese Abstufung nicht gerecht sei. Wäre nun ein Mindestlohn von 1.500 oder 3.000 Euro gerecht oder was wäre die gerechte Bezahlung für eine Reinigungskraft oder einen angestellten Manager? Nicht nur dass es keine objektiven Kriterien für Gerechtigkeit gibt, die Forderung nach Gerechtigkeit greift gar nicht die Grundlagen, also die kapitalistische Produktionsweise, an, aufgrund derer die Schieflagen in der Gesellschaft entstehen. Die Klagen richten sich an den Staat, der doch die Ungerechtigkeiten nicht zulassen solle – dieser kümmert sich dann je nach Maßgabe der Belastungen für seine Wirtschaft und sein Budget darum oder er verweist darauf, dass dieses Thema Angelegenheit der „Tarifpartner" bzw. der „freien Wirtschaft" sei.[64]

An der Kritik der Lohnarbeit führt kein Weg vorbei, wenn der Kapitalismus abgeschafft werden soll. Und die Kritik besteht eben nicht darin, die Leute in der Klage über fehlende Mitmenschlichkeit und die ungerechten Verhältnisse zu bestärken, sondern ihnen den Zweck des Einsatzes ihrer Arbeitskraft im Kapitalismus und dessen Wirkungen in allen Facetten zu erklären und zu kritisieren.

8.2.3 Ad Geld

Das Geld, um das sich im Kapitalismus alles dreht, ist ein notwendiger Bestandteil der kapitalistischen Wirtschaft. Dieser Notwendigkeit hat sich vor allem Marx in seiner Erklärung des Kapitalismus ausführlich gewidmet.

In der ideologischen Sichtweise der bürgerlichen Wissenschaft und des Alltagsverstandes erscheint Geld als eine sehr nützliche und praktische Einrichtung. Die einfache Fassung der Nützlichkeit besteht darin, dass das Geld es

---

64 Marx widmet sich dem Thema Gerechtigkeit u. a. in seiner Kritik des Gothaer Programms, das in der Sozialdemokratischen Arbeiterpartei 1875 heftig diskutiert wurde. Dabei ging es auch um „Gerechtigkeit": „Was ist gerechte Verteilung? Behaupten die Bourgeois nicht, dass die heutige Verteilung ‚gerecht' ist? Und ist sie in der Tat nicht die einzige ‚gerechte' Verteilung und Grundlage der heutigen Produktionsweise? [...] Die jedesmalige Verteilung ist nur Folge der Verteilung der Produktionsbedingungen selbst; letztere aber ist ein Charakter der Produktionsweise selbst." (1)

einem ermöglicht, an alle möglichen Waren zur Abdeckung von Bedürfnissen heranzukommen und es gilt als das praktikabelste Mittel, Waren zu tauschen. Beides kürzt sich auf den einfachen Gedanken zusammen, dem Geld Nützlichkeit zu attestieren, weil man es im Kapitalismus braucht. Das ist keine Erklärung des kapitalistischen Geldes, aber es reicht, um sich über die Grundlage des Geldes keine weiteren Gedanken mehr zu machen. Die kommen auch dann nicht auf, wenn die Nützlichkeit des staatlich garantierten Tauschmittels auf dem Spiel steht, wie etwa infolge von massiven Wirtschafts- und Finanzkrisen, Staatsbankrotten oder Kriegen. Da gilt es in jedem Fall, das Geld bzw. die Währung zu retten – was das bedeutet, spüren z. B. die Griechen derzeit am eigenen Leib.

Die spezielle „Nützlichkeit" des kapitalistischen Geldes besteht darin, dass es die Potenz zur Vermehrung in sich trägt und diese auch zur Geltung kommt, wenn man in erheblichem Maß darüber verfügt. Das finden einige sehr gut und andere moralisch verwerflich. Letztere werden nicht zum Feind des Geldes oder der Produktionsweise, in der es einen zentralen Stellenwert hat, sondern zum Feind des Geldkapitals. Sie unterscheiden zwischen „raffendem" (schlecht) und „schaffendem" (gut) Kapital und wollen nicht wahrhaben, dass es in puncto Geld in beiden Fällen um das Gleiche geht: aus einer vorgeschossenen Geldsumme mehr Geld zu machen.[65] Obwohl auch der alte Römerspruch „Geld stinkt nicht" die Nützlichkeit des Geldes als universelles Tauschmittel propagiert, sehen viele Anhänger eines „sauberen" Kapitalismus darin auch eine Kritik angelegt: Dem Geld sehe man nicht an, woher es komme, ob es ehrlich verdientes oder schmutziges Geld sei. Dass das „saubere" Geld in dieser Gesellschaft letztlich auf der Ausbeutung von Menschen beruht, ist solchen Moralisten jedoch niemals in den Sinn gekommen. Die Ausbeutung ist freilich auch kein Betrug des Kapitalisten: Auch wenn er den Arbeitern weniger auszahlt, als sie erwirtschaftet haben, enthält er ihnen nichts vor, denn der Lohn wird für den Kauf der Ware Arbeitskraft gezahlt und nicht für die Herstellung und Realisierung des Warenwerts, auf den nur der Privateigentümer rechtsgemäß Anspruch hat.

Schließlich hat die bürgerliche Alltagsphilosophie auch etwas Tröstendes für die Zukurzgekommenen parat: „Geld allein macht nicht glücklich." Nun ist dieser Spruch genau genommen gar nicht als Absage an das Geld zu verstehen, er besagt vielmehr, dass Geld neben anderen Glücksbringern in dieser Gesellschaft

---

65 Übrigens schafften die Nationalsozialisten Hitlerdeutschlands, in deren ökonomischer Ideologie diese Bezeichnungen des Kapitals vorkamen, das Geldkapital nicht ab, sondern versuchten es an eine in ihrem Sinne staatsnützliche Kandare zu nehmen.

sehr wohl zu einem sogenannten glücklichen Leben dazugehört.[66] Und mit der tröstenden Gewissheit, dass „der Tod alle gleichmacht", sind auch die in dieser Gesellschaft nicht Begünstigten fein raus.

Eine Gesellschaft" im Sinne einer Abschaffung des Geldes zu „demonetarisieren", bedeutet, sich auch von Eigentum, Lohnarbeit und dem Markt als Tauschplatz zu verabschieden und die Reproduktion anders zu organisieren. Eine Kritik des kapitalistischen Geldes ist eben auch eine Kritik des kapitalistischen Produktionsverhältnisses.

Es gibt auch Gesellschaftskritiker, die das Geld abschaffen, jedoch den Tausch von Gütern beibehalten wollen. Diese Vorstellung unterstellt eine Produktion von Privateigentümern. In einer Gesellschaft, in der es kein Eigentum an den Produktionsmitteln gibt und deren Zweck die Befriedigung der Bedürfnisse der Kommune ist, werden die produzierten Güter einfach verteilt, das Tauschprinzip ist damit obsolet.

8.2.4 Ad Markt

Für den bürgerlichen Sachverstand ist der Markt das Selbstverständlichste auf der Welt, weil er immer von einer Ökonomie mit Privateigentümern ausgeht, die sich als Verkäufer und Käufer gegenüberstehen. Es geht im Kapitalismus immer um den Tauschwert, ausgedrückt in Geld. Das bedeutet, dass sich Verkäufer und Käufer auf dem Markt mit gegensätzlichen Ansprüchen begegnen: Der eine will möglichst teuer verkaufen, der andere möglichst billig kaufen. Dabei bekommen es die beiden auch noch mit Konkurrenten zu tun, die das gleiche Ziel verfolgen. Der Markt ist alles andere als ein Ort des friedlichen Tauschens – da geht es um Existentielles.

Das ist wiederum Nährboden für ideologische Debatten. Die Apologeten des freien Marktes preisen ihn als „selbstregulierendes und selbstoptimierendes System" (Wikipedia), das unter „idealen" Voraussetzungen die beste Lösung für ökonomische Probleme bietet. Systemimmanente Kritiker entgegnen, dass die idealen Voraussetzungen für freie Märkte leider selten gegeben wären. Andere wiederum halten den Markt zwar ebenfalls für eine gute Einrichtung, glauben aber, dass er seine segensreiche Wirkung nur dann entfalten kann, wenn er vom

---

66 In den USA gilt Geldreichtum als veritabler Ausweis einer Persönlichkeit, die es „geschafft" hat, während in anderen Kulturkreisen auch eine gewisse Verachtung des Geldes und seiner Eigentümer anzutreffen ist. Letzteres ist allerdings nicht mit einer Kritik des Geldes oder des Kapitalismus zu verwechseln.

Staat gezähmt wird. All diese Besprechungen wollen den kapitalistischen Markt nicht erklären, sie erörtern stattdessen, wie er am besten funktionieren könnte.

Diejenigen, die für den Markt produzieren, erfahren erst dort, ob sich die Produktion „gelohnt" hat. Da stellt sich einiges an Material und Arbeit oft im Nachhinein als „wertlos" heraus – und das muss keineswegs daran liegen, dass weniger gut und sorgfältig gearbeitet wurde. Betrifft das größere Teile der Ökonomie, kommt es zu einer „Überproduktionskrise", was genau genommen bedeutet, dass allgemein mehr Geld in die Produktion investiert wurde, als durch den Verkauf realisiert werden kann. Im Ausbaden der Krise zeigen sich Unterschiede von Unternehmen zu Unternehmen, manche gehen sogar als Krisengewinner hervor. Die große Masse der Lohnabhängigen hat sich allerdings mit weiteren Lohnkürzungen oder Arbeitsplatzverlusten abzufinden. Überproduktion bedeutet in dieser Produktionsweise nicht, dass es auf dem Markt mehr Waren gibt, als gebraucht würden, sondern dass sich die zahlungskräftige Nachfrage bei einem bestimmten Preis erschöpft. So viel zur vielbeschworenen „Effizienz des Marktes", wo Überproduktion auf der einen und Mangel auf der anderen Seite nebeneinander bestehen. Verschenkt werden Überschüsse jedenfalls nicht, das würde ja den Preis ruinieren – sie werden weggekippt und eingestampft.

Auch so manche Kritiker des Kapitalismus halten den Markt für einen ökonomisch effizienten Hort der Freiheit und bestehen, wenn auch mit starken Einschränkungen für das Privateigentum, auf der Beibehaltung einer Marktwirtschaft (siehe dazu die Kapitel 4.2 und 6.2.2) Eine Gesellschaft, in der nicht für den Tausch auf dem Markt, sondern für die unentgeltliche Verteilung der Güter produziert wird, ist für sie unvorstellbar, ökonomisch nicht sinnvoll, vor allem aber eine Einschränkung der Freiheit.[67]

Der freie Markt hat einen ähnlich guten Ruf wie die Demokratie, und zwar weil er, wie die „wahre Demokratie", bloß als Idealvorstellung existiert. Durch

---

67 Die Begeisterung für den Markt als Inbegriff der Freiheit störte schon Marx an den bürgerlichen Ökonomen seiner Zeit:
„Daher andrerseits die Abgeschmacktheit, die freie Konkurrenz als die letzte Entwicklung der menschlichen Freiheit zu betrachten; und die Negation der freien Konkurrenz = Negation individueller Freiheit und auf individueller Freiheit gegründeter gesellschaftlicher Produktion. Es ist eben nur die freie Entwicklung auf einer bornierten Grundlage – der Grundlage der Herrschaft des Kapitals. Diese Art individueller Freiheit ist daher zugleich die völligste Aufhebung aller individuellen Freiheit und völlige Unterjochung der Individualität unter gesellschaftliche Bedingungen, die die Form von sachlichen Mächten, ja von übermächtigen Sachen – von den sich beziehenden Individuen selbst unabhängigen Sachen annehmen. (2)

die Umbenennung des Kapitalismus in „Marktwirtschaft" entfällt jener kritische Unterton, der in der früheren Bezeichnung noch mitschwingt, auch weil sie vielleicht an die Kritik von Marx erinnert. Dieser hat erklärt, was das bestimmende Moment dieser Ökonomie ist, und daran hat sich auch durch die Entwicklung vom „Manchesterkapitalismus" zur „sozialen Marktwirtschaft" nichts geändert. Nur in Zeiten der Krise, in denen noch viel mehr zerstört wird als sonst, wird der Begriff Kapitalismus wieder hochgespült und problematisiert, ob Marx nicht vielleicht doch recht gehabt habe. Die Schuld an der Misere wird in übermäßiger Spekulation, betrieben durch allzu gierige Spekulanten, gesehen – als ob es eine verantwortungsvolle und bescheidene Spekulation gäbe. Schließlich taugt der Begriff „Marktwirtschaft" auch dazu, die „siegreiche" Ökonomie von der untergegangenen „Zentralverwaltungswirtschaft" abzugrenzen. Gemessen an der Akkumulation von Geldreichtum war und ist die Marktwirtschaft zweifellos die erfolgreichere Ökonomie. Das haben schließlich auch die Realsozialisten zur Kenntnis genommen – sie hatten sich allerdings auch die Erfolgsmaßstäbe des Kapitalismus zu eigen gemacht.

8.2.5 Ad bürgerlicher Staat

Der bürgerliche Staat ist die politische Herrschaft des Kapitalismus. Er richtet, ob als demokratische oder andere Herrschaftsform, mit seinen Gesetzen kraft seiner hoheitlichen Gewalt seine nationale Ökonomie ein. Die Bürger beziehen sich grundsätzlich positiv auf diese Gewalt. Bei ihrer Reproduktion, beim Verdienen ihres Lebensunterhalts, sind sie den Gesetzen unterworfen. Auch wenn sie mit dem einen oder anderen Gesetz nicht einverstanden sind, so anerkennen sie das Recht, nicht nur, weil sie es müssen, sondern auch, weil sie es als Regelkodex für ihr Zusammenleben erachten. Sie sehen im Staat eine Regelinstanz, der ihnen zwar kein gutes Leben garantiert. aber jedem innerhalb der Gesetze die Freiheit lässt, sein Leben je nach den Möglichkeiten, die sich für ihn ergeben, zu gestalten. In all ihrem Tun stoßen sie auf die Schranken dieser gewährten Freiheit. Dabei wird von ihnen auch gar nicht unterschieden, ob diese Regeln ökonomische Sachverhalte, wie z. B. das Privateigentum, oder den Straßenverkehr betreffen. Die ökonomischen Verhältnisse erscheinen ihnen als vorgegeben und der Staat als Regler der gegensätzlichen Interessen ins Recht gesetzt. Sie sehen in ihm eine neutrale Instanz, die sozusagen als Schiedsrichter auftritt. Das unterschlägt die aktive Rolle des Gesetzgebers, der seine Ökonomie kraft seiner Rechtsgewalt gestaltet und sich dann so auf die gegensätzlichen ökonomischen Interessen bezieht, dass diese brauchbar sind, den Reichtum der Nation zu befördern. Dafür will er seine Staatsbürger benützen und setzt dafür, von Nation zu Nation in etwas unterschiedlicher Weise, seine Gesetze durch. Die Bürger lassen sich für diesen Zweck einspannen und beäugen den Staat, ob er dabei auch erfolgreich ist, wobei sie sich den Fehlschluss leisten, dass das Wohl der Nation mit ihrem individuellen Wohlergehen zusammenfällt.

Dieser Fehlschluss sowie die darauf beruhende Haltung, sich mit einer Nation zu identifizieren und deren Erfolg im Vergleich zu anderen Nationen wohlwollend oder kritisch zu beurteilen, sind zu kritisieren. Es ist kein selbstverständlicher Gedanke, das Wirken einer Nation, deren Gewalt man unterworfen ist, weil man dort geboren wurde oder dort arbeitet, zu seiner Herzensangelegenheit zu machen. Bei der Sorge um oder dem Stolz auf die Nation ist das eigene materielle Wohlergehen jedenfalls kein Maßstab mehr. Im nationalen „Wir" sind alle ökonomischen Gegensätze getilgt und auf eine Gemeinsamkeit heruntergebrochen – und der Übergang zur Sortierung, wer zu dem Wir passt und wer nicht, ist mit diesem Bewusstsein naheliegend.

Die maßgebenden Staatspolitiker werden bei jeder Gelegenheit geschmäcklerisch kritisiert – am schwersten wiegt der Vorwurf, dabei versagt zu haben, die Nation voranzubringen. Ergibt sich für die Nation eine Problemlage, dann werden sehr rasch innere und äußere Feinde ausgemacht, und wenn es darauf ankommt, ziehen die Bürger in den Krieg – viele von ihnen nicht nur aus Zwang. Will man die Stellung der Bürger zum Kapitalismus kritisieren, so kommt man nicht umhin, ihre Urteile über den (bürgerlichen) Staat bzw. die Nation auf- und anzugreifen – und das auch in einer Demokratie, deren Politiker immer betonen, nichts mit dem Nationalismus alter Prägung zu tun haben zu wollen.

Kapitalismuskritische Linke und Alternative, die sich an der staatlichen Politik beteiligen, müssen ihre kritischen Interessen dem Staatsinteresse unterordnen, sonst sind sie nicht „politikfähig". Vor allem dann, wenn sie es in ein Regierungsamt schaffen, ist es ihre Aufgabe, sich konstruktiv um das „Wohl des Staates" zu kümmern. Sie halten dann das Ideal einer Demokratie hoch und machen „Realpolitik", um die Gunst der Wähler zu erhalten, denen es schließlich auch ums große Ganze geht.

8.3 Resümee

Das Ende des Kapitalismus ist nur mit einer breiten Bewegung herbeizuführen, deren Agitatoren wissen, was sie wollen und was sie nicht wollen. Die Aufgabe der Agitatoren ist es, die politischen und ökonomischen Ereignisse zu erklären und die bürgerliche Ideologie zu kritisieren. Die Agitation muss sich inhaltlich von anderen Kritiken, etwa vom nörgelnden und moralischen Staatsbürgerstandpunkt sowie von einer faschistischen oder religiös motivierten Kritik unterscheiden und sich an den oben angegebenen Inhalten orientieren. Das heißt auch, von den in linken und alternativen Kreisen beliebten Agitationsschwerpunkten der Ungleichheit und sozialen Ungerechtigkeit abzurücken. Ebenso muss der borniere nationale Standpunkt aufgegeben und die Agitation auf internationaler Ebene betrieben werden.

Eine unabdingbare Voraussetzung für eine fokussierte Agitation ist die Einigung der Agitatoren auf eine gemeinsam getragene fundierte Kapitalismuserklärung und -kritik und ein daraus entspringendes Konzept für eine menschenfreundliche alternative Gesellschaft. Das Nebeneinander-Existieren verschiedener Kritiken und Konzepte, eine Zersplitterung in Fraktionen, die alle ihr eigenes Süppchen kochen, die sich voneinander abgrenzen oder einander gleichgültig begegnen oder gar bekämpfen, wäre kontraproduktiv. Inhaltliche Differenzen sollten diskutiert, argumentiert und zumindest so weit beseitigt werden, dass keine offensichtlich widersprüchlichen und gegensätzlichen Agitationsstränge entstehen. Die Bedingungen für eine Revolution mögen mal besser oder schlechter sein, der Einigungsprozess derer, die bereit sind, eine radikale Abschaffung des Kapitalismus agitatorisch vorzubereiten, und die darauf basierende Agitation sollten aber unabhängig davon vorangetrieben werden. Das bedeutet nicht, dass es überflüssig ist, sich über die Bedingungen einer Revolution Gedanken zu machen. Solche Überlegungen haben allerdings nichts mit den Inhalten der Agitation, der Kritik des Kapitalismus und der falschen Urteile über ihn, zu tun. Eine gezielte, von allen, die auf eine Revolution hinarbeiten, getragene, massive Agitation mit den oben angegebenen Schwerpunkten ist jedenfalls eine notwendige Voraussetzung auf dem Weg zur Abschaffung des Kapitalismus – ob diese dann gelingt, steht auf einem anderen Blatt.

9. Bemerkungen zum Entwurf einer alternativen, nichtkapitalistischen Ökonomie

Wenn man den Kapitalismus auf Basis der Marx'schen Erkenntnisse erklärt und kritisiert, ist man oft damit konfrontiert, dass gar nicht zur Kritik selbst Stellung genommen, sondern die Frage aufgeworfen wird: „Was ist die Alternative?" – nicht in der Erwartung einer ernsthaften Antwort, sondern um den Kritiker daran zu blamieren, dass er wohl auch nichts Besseres anzubieten hat. Der Kommunismus realsozialistischer Prägung sei ja gescheitert und so würde es auch anderen Alternativen gehen, erst recht, wenn sie noch dazu ganz ohne Privateigentum, Lohnarbeit, Geld und Markt auskommen wollen. Diese Skeptiker erteilen der Kritik der gesellschaftlichen Verhältnisse nicht deshalb eine Absage, weil sie nachweisen könnten, dass diese falsch ist – übrigens der einzige Maßstab, der daran anzulegen wäre –, sondern weil sie die Kritik ohne ein in ihren Augen praktikables Gegenangebot für sinnlos und nicht überzeugend halten.

Andrerseits finden sich unter denen, die die Frage nach der Alternative aufwerfen, auch solche, die durchaus ein ernsthaftes Interesse haben, sich mit gesellschaftlichen Gegenentwürfen auseinanderzusetzen. Auch wenn eine Revolution noch weit und breit nicht in Sicht ist, ist es nicht verkehrt, über eine zukünftige nichtkapitalistische Gesellschaft nachzudenken und einen Diskussionsprozess darüber zu führen. Aus einer fundierten Kritik des Kapitalismus geht nur hervor, was man nicht will, aber nicht zwingend, wie die Alternative gestaltet werden soll. Man kann sich darauf einigen, Privateigentum, Lohnarbeit, kapitalistisches Geld und Markt abzuschaffen – aber wie soll dann die gesellschaftliche Produktion und Reproduktion stattfinden? Darüber sollte schon vor der Inangriffnahme einer Revolution Klarheit bestehen, sich das erst während der Revolution oder im Chaos danach zu überlegen, wäre grob fahrlässig. Die Konzeption einer neuen Gesellschaft muss von langer Hand geplant werden und setzt einen Diskussions- und Einigungsprozess voraus. Als Basis dient in jedem Fall eine fundierte Erklärung des Kapitalismus. Sie ist der Ausgangspunkt der Agitation und die Grundlage für die Entwicklung des Gegenentwurfs. Wird die Analyse nicht gründlich geleistet oder führt sie zu falschen Schlüssen über den Kapitalismus, so wird es nicht gelingen, sich von den „Sachzwängen" der alten Ökonomie zu befreien. Als bestes Beispiel dafür sei nochmals auf den realen Sozialismus verwiesen, der eine Produktion ohne Privateigentum und freien Mark, aber mit Lohnarbeit, Geld und staatlich dirigiertem G – W – G' installiert hat (siehe Kapitel 6.1).

Diese Überlegungen haben den Autor dazu bewogen, Gedanken darüber anzustellen, wie eine alternative Ökonomie beschaffen sein könnte.[68] Bevor auf die Rezeption dieser Gedanken eingegangen wird, soll der Gegenentwurf kurz dargestellt werden.

9.1 Die Grundzüge einer bedürfnisorientierten Versorgungswirtschaft

Die wesentlichen Merkmale einer „bedürfnisorientierten Versorgungswirtschaft" (BVW) ergeben sich aus der radikalen Kritik der Marktwirtschaft bzw. des Kapitalismus:

- Vergesellschaftung der Produktionsmittel und von Grund und Boden
- geplante Güterproduktion und Leistungserbringung
- Verteilung von Gütern und Leistungen

In dieser Wirtschaft wird nicht auf Basis von Preisen, Kosten und Gewinnen produziert und auch nichts verkauft. Produktion und Verteilung erfolgen ohne Markt und Geld.

Wie funktioniert die Ökonomie der BVW? Kurz gesagt: Es wird erhoben bzw. von den BVW-Mitgliedern bekannt gegeben, was gebraucht wird – was mit den schon heutzutage üblichen Kommunikationsmitteln keine Schwierigkeit darstellen sollte. Die für die Herstellung notwendigen Materialien und Arbeitszeiten werden berechnet und die Produktion wird auf dieser Grundlage organisiert. Es wird darüber zu diskutieren sein, ob jeder spezielle Wunsch in der Planung berücksichtigt werden soll und kann. Geplant und produziert wird ausschließlich auf Basis von technischen Größen wie benötigter Materialmenge und Arbeitszeit und nicht auf Basis von Geldgrößen wie Preisen, Kosten, Gewinn. Die fertigen Produkte werden gemäß den Bedürfnissen nach einem bestimmten Schlüssel (siehe 9.1.3) verteilt.

Kernstück des Modells bilden die Überlegungen zur Arbeit und zur Verteilung der Güter.

9.1.1 Arbeitsbedingungen

Befreit von der Kalkulation der Arbeitskraft als Kostenfaktor, befreit vom Druck der Preiskonkurrenz und vom Kampf um Profite kann die Arbeit im Hinblick auf menschliche Bedürfnisse gestaltet werden.

---

68 Ausführlich dargelegt wird dieses Modell im Buch „Die bedürfnisorientierte Versorgungswirtschaft – eine Alternative zur Marktwirtschaft".

Erstens bedeutet dies, bei den Arbeitsbedingungen auf die psychische und physische Gesundheit der Produzierenden zu achten. Sie hat Vorrang bei allen Veränderungen der Arbeitsprozesse.

Zweitens ist es Ziel der BVW, die individuelle Arbeitszeit so weit als möglich zu reduzieren – je nach Erfordernis der Gebrauchswertproduktion, also der Orientierung der Produktion an den Bedürfnissen. Die individuelle Arbeitszeit soll schrittweise gesenkt und langfristig auf ein Niveau gebracht werden, das verhindert, dass die Arbeit die Arbeitenden auslaugt und gesundheitlich schädigt, und genügend Zeit für die Genüsse des Lebens übrig lässt. In dieser Produktionsweise würde auch darauf zu achten sein, dass die Arbeitsinhalte regelmäßig wechseln, die Arbeitenden also nicht ständig die gleichen Tätigkeiten vollziehen.

Es wird letztlich darauf ankommen, die gesellschaftlich notwendige Arbeitszeit zu minimieren und Möglichkeiten für Tätigkeiten zu schaffen, in denen die Scheidung von Arbeit und Hobby aufgehoben wird.

9.1.2 Planung der Arbeit

Zweck der Arbeit in der BVW ist es, eine Abdeckung aller Bedürfnisse, eine bedürfnisorientierte Versorgung so gut wie möglich zu gewährleisten. Dementsprechend wird auch die Arbeitskraft, die dafür notwendig ist, in den Planungsprozess mit einbezogen. Die Planung und Organisation der Arbeit wäre Aufgabe von Gremien, Komitees, Ausschüssen (wie immer man es benennen mag), die regional und branchenweise aufgestellt sind und untereinander vernetzt werden.

Grundsätzlich soll jedes Mitglied der Gesellschaft frei entscheiden können, welche Arbeit es ausüben möchte. Trotz einer allgemein angestrebten angenehmen Gestaltung von Arbeit und Arbeitszeit und dem Einsatz von Automaten werden einige Arbeiten auf mehr, andere auf weniger Zuspruch stoßen. Um das Interesse an weniger angenehmen und weniger beliebten Arbeiten zu fördern, kommt ein Arbeitszeitbewertungssystem zum Einsatz (siehe dazu 9.1.4). Eine weitere Möglichkeit, dafür zu sorgen, dass weniger attraktive Arbeiten erbracht werden, bestünde darin, Personen, die gerade eine Ausbildung machen, darauf zu verpflichten, diese Tätigkeiten im Rahmen der Ausbildung eine bestimmte Zeit lang auszuführen, z. B. Krankenpflege im Rahmen einer medizinischen Ausbildung. Oder man könnte festlegen, dass jeder, der in den Genuss der Allgemeinversorgung (siehe 9.1.3) kommen möchte, als Voraussetzung dafür über einen bestimmten Zeitraum hinweg eine solche Arbeit leisten muss.

9.1.3 Arbeit und Verteilung

Ein wesentliches ökonomisches Charakteristikum unterschiedlicher gesellschaftlicher Systeme – und somit auch der BVW – ist der Zusammenhang zwischen Arbeit und dem Zugriff auf den erarbeiteten Reichtum. Es kann natürlich nur das verteilt werden, was auch erarbeitet wird, abgesehen von den Gütern, die es von Natur aus gibt, wie Grund und Boden, Luft etc. Die Frage ist, welchen Anteil die Arbeitenden vom erarbeiteten Reichtum für ihre Arbeitsleistung erhalten.

In einer Subsistenzwirtschaft ist dieser Zusammenhang eindeutig: Was das Individuum oder eine Gruppe erjagt, züchtet, pflanzt und erntet, wird von diesem oder von den Mitgliedern der Gruppe gemeinsam konsumiert, wobei es innerhalb der Gruppe wahrscheinlich eine Rangordnung gibt. In einer arbeitsteiligen Wirtschaft gibt es diesen direkten Zusammenhang nicht: Die einzelne Arbeitskraft konsumiert nicht das, was sie erarbeitet.

Wie gestaltet sich das Verhältnis zwischen individueller Arbeit und Verteilung in der BVW? Das Modell der BVW geht davon aus, dass die Güter- und Leistungserstellung den Einsatz menschlicher Arbeitskraft benötigt.[69] In einer BVW würde es einen Zusammenhang zwischen der individuellen Arbeitsleistung und der Verteilung geben. Die Inanspruchnahme der Güter der BVW wäre für jede und jeden ab einem gewissen Alter, nämlich sobald jemand in den gesellschaftlichen Produktionsprozess im Rahmen der Ausbildung eingegliedert ist, erstens von der geleisteten Arbeitszeit, zweitens von der Art der Arbeit und drittens von der Qualität der geleisteten Arbeit abhängig (siehe 9.1.4). Die Verteilung könnte folgendermaßen gestaltet werden:

Grundversorgung (1. Stufe)

Diejenigen, die keinen Beitrag zur gesellschaftlichen Versorgung leisten wollen bzw. deren Gesamtarbeitszeit nicht für die 2. Stufe reicht (sehr geringe, sporadische Arbeitszeiten), werden nicht der Verelendung preisgegeben, sondern können sich mit Gütern versorgen, die ein bescheidenes Leben ermöglichen. Je fortgeschrittener die technischen und organisatorischen Möglichkeiten der Güterproduktion bzw. der Versorgung sind, umso mehr wird auch für die Grundversorgung zur Verfügung stehen. Es ist nicht anzunehmen, dass sich viele mit diesem Grundanspruch zufriedengeben, und auch nicht, dass diejenigen, die arbeiten können, nicht arbeiten wollen. Dabei ist zu berücksichtigen, dass sich die Arbeitsumstände ändern werden (Verringerung der Arbeitszeit,

---

69 Ob es in Zukunft möglich sein wird, mit einem unerheblichen Einsatz menschlicher Arbeitskraft bedürfnisorientierte und bedarfsgerechte Versorgung für alle zu ermöglichen, bleibe dahingestellt.

Verringerung des Arbeitsdrucks, wenig eintönige Arbeitsinhalte, angenehmere Arbeitsplatzgestaltung, etc.) und die Arbeit damit den aus der Marktwirtschaft gewohnten belastenden Charakter weitgehend abgelegt hat.

Zu unterscheiden sind solche, die nicht arbeiten wollen, von denjenigen, die mangels körperlicher oder geistiger Fähigkeiten nicht im normalen Ausmaß arbeiten können. Letztere fallen in die 2. Stufe (Allgemeinversorgung). Kinder und Jugendliche bis 18 könnten die Grundversorgung plus eine Zusatzversorgung je nach Stufe der Eltern (Allgemein- oder Sonderversorgung) erhalten. Ältere Menschen, die nicht mehr arbeiten können oder wollen, würden in jener Stufe bleiben, in der sie sich als Aktive befunden haben. Die medizinische Versorgung sollte für alle gleich sein, unabhängig von der geleisteten Arbeitszeit, dasselbe gilt für die Ausbildung.

Allgemeinversorgung (2. Stufe)

Wer seine Arbeitskraft in einem gewissen Zeitausmaß der Gesellschaft zur Verfügung stellt, wird mit den meisten Gütern (frei) versorgt – und zwar in einem Maße, das ein gutes Leben ermöglicht – was ja der einzige Zweck der BVW ist. Voraussetzung für diese Inanspruchnahme ist, dass die erforderliche Arbeitszeit im Durchschnitt erreicht wird:

Der Durchschnitt wäre bezogen auf die gesamte bisher geleistete Arbeitszeit zu berechnen. Die Berechnung beginnt mit dem Beginn der arbeitsspezifischen Ausbildung: Nehmen wir an, A. ist 25 Jahre und 6 Monate alt. Sie hat ihre erste arbeitsspezifische Ausbildung mit dem 18. Geburtstag begonnen und bisher 7.500 Arbeitsstunden auf ihrem Arbeitskonto. Wenn diese 7.500 Stunden durch die möglichen Arbeitstage in diesem Zeitraum dividiert werden, so erhält man die durchschnittliche Arbeitszeit für A pro Tag. Je nach gesellschaftlicher Einigung werden die durchschnittlich notwendige Arbeitszeit pro Tag und die Arbeitstage pro Jahr für den Anspruch auf die Allgemeinversorgung festgelegt. Nehmen wir an, man hätte sich auf 4 Stunden und 200 Arbeitstage pro Jahr geeinigt. Die 7.500 Arbeitsstunden von A würden nun durch 1.500 Arbeitstage (200 Arbeitstage mal 7,5 Jahre) geteilt. Damit ergäben sich für A. durchschnittlich 5 Stunden pro Arbeitstag, womit sie über dem allgemein erforderlichen Durchschnittsmaß läge. Der Durchschnitt würde täglich neu durchgerechnet, immer bezogen auf den Startpunkt des 18. Geburtstags.

Welche Möglichkeiten hätte A. nun aufgrund der von ihr erbrachten überdurchschnittlichen Arbeitszeit? Sie könnte es sich leisten, längere Freizeit in Anspruch zu nehmen, ihr Durchschnitt würde damit sinken. Solange dieser bei 4 Stunden oder darüber liegt, kann A. die Allgemeinversorgung in Anspruch nehmen. Oder sie entscheidet sich dafür, ihren Durchschnitt auf längere Zeit (sagen wir 10 Jahre) deutlich über dem für die Allgemeinversorgung notwendigen Durchschnitt (z. B. eben auf 5 Stunden) zu halten. Dann käme sie in den Genuss der Sonderversorgung.

Was ergäbe sich im Falle der Unterschreitung der durchschnittlich erforderlichen Arbeitszeit? B. hat an seinem 28. Geburtstag 6.000 Stunden auf seinem Arbeitskonto. Das wären pro Arbeitstag durchschnittlich 3 Stunden, also eine Unterschreitung der erforderlichen Durchschnittsarbeitszeit. B. könnte nun in Zukunft länger arbeiten, um seinen Durchschnitt zu verbessern. Liegt sein Durchschnitt nämlich z. B. länger als 5 Jahre (der Zeitraum ist fiktiv gewählt und wird von den Mitgliedern der Gesellschaft festgesetzt) unter dem für die Allgemeinversorgung nötigen Durchschnitt von 4 Stunden, so rutscht er in die Grundversorgung ab.

Sonderversorgung (3. Stufe)
Alle, die über längere Zeit (z.B. 4 Jahre) hinweg mehr als 4 Stunden täglich arbeiten, haben Anspruch auf Güter, die nicht allen zur Verfügung stehen können, etwa weil ihre Menge nicht beliebig erweitert werden kann, z. B. besonders gut und schön gelegene Wohnungen.

9.1.4 Bewertung der Arbeit

Neben der reinen Arbeitszeit spielen bei der Bewertung der Leistung eines BVW-Mitglieds auch noch folgende Kriterien eine Rolle:

– Schwere der Arbeit (körperlich, psychisch, geistig)
– Zulauf zu bestimmten Arbeiten
– Qualität der geleisteten Arbeit

Je nach Einstufung der Arbeit entsprechend diesen Kriterien wird die Arbeitszeit um einen bestimmten Prozentsatz auf- oder abgewertet.

Schwere der Arbeit
Zur Beurteilung dieses Kriteriums wären etwa Belastungspunkte zu summieren, die dann einen Belastungsfaktor ergeben würden. Bei Arbeiten mit intensivem körperlichem Einsatz ergäben sich beispielsweise 20 Zusatzpunkte für körperliche Belastung. Somit entspräche 1 Stunde reine Arbeitszeit 1,20 Stunden Bewertungszeit, die dann für die Berechnung der geleisteten Arbeitszeit herangezogen würde.

Es ist klar, dass diese Bewertung erstens ein aufwendiges Unterfangen ist, da jede Tätigkeit eingestuft werden muss – wie sinnvoll eine Einschränkung der Bewertung auf wenige besondere Arbeiten oder auf umfassende Tätigkeitsbereiche, z. B. Schuherzeugung, Verwaltung etc., wäre, bleibe dahingestellt –, und zweitens nur begrenzt objektiv sein kann – ein und dieselbe Arbeit mag der einen leicht, dem anderen anstrengend erscheinen. Dem subjektiven Empfinden der jeweiligen Arbeitenden kann diese Bewertung aber begreiflicherweise auch nicht überlassen werden, ebenso wenig wie dem Betrieb, in dem sie tätig sind. Damit sind vielmehr Ausschüsse zu betrauen, die sinnvolle und nachvollziehbare Entscheidungen zu treffen hätten.

Zulauf zu bestimmten Arbeiten
Die Arbeit wird, wie schon erwähnt, nicht zwangsweise zugeteilt. Da manche Tätigkeiten weniger beliebt sein werden, aber dennoch ausgeführt werden müssen, kann zwecks Steuerung der Wahl des Arbeitsplatzes nun der Anreiz, eine bestimmte Arbeit zu wählen, mit der Vergabe von Zusatzpunkten erhöht werden.

Sollte sich z. B. herausstellen, dass Krankenpflege nicht im geplanten und gesellschaftlich gewünschten Ausmaß erfolgt, so wird diese Arbeit mit beispielsweise 15 Zusatzpunkten pro Stunde versehen. Das Interesse an dieser Arbeit kann damit insofern gesteigert werden, als die Betreffenden entweder weniger arbeiten müssen, um die gesellschaftliche Durchschnittsarbeitszeit zu erreichen, oder die Chancen nach einem gewissen Zeitraum steigen, in die Sonderstufe zu gelangen. Sollte dies nicht ausreichen, um weniger nachgefragte Arbeitsplätze zu besetzen, können die BVW-Mitglieder auch zeitlich befristet dazu verpflichtet werden (siehe 9.1.2).

Qualität der geleisteten Arbeit
Eine weitere Möglichkeit der Anwendung des Bewertungssystems besteht in der Zurechnung von Arbeitszeit bei besonders guten Leistungen, aber auch im Abzug von Arbeitszeit bei besonders schlechten Arbeitsergebnissen. Diese Bewertung wäre sinnvollerweise in den jeweiligen Betrieben selbst vorzunehmen. Die Kriterien für die qualitative Beurteilung der Arbeit und das daraus eventuell resultierende Ausmaß der Zeitgutschriften bzw. Zeitabzüge kann in – von allen Arbeitenden einsehbaren – Übersichten dargestellt werden. Betriebsgremien könnten diese zusammenstellen, an die Ausschüsse weiterleiten und ihnen gegenüber begründen.

9.1.5 Das politische System

Der bürgerliche Staat mit seiner Gesetzgebung, die sich auf die kapitalistische Ökonomie bezieht, ist mit der Etablierung einer BVW passé. *Engels* formuliert es in seinen Ausführungen zur „Entwicklung des Sozialismus von der Utopie zur Wissenschaft" folgendermaßen: „An die Stelle der Regierung über Personen tritt die Verwaltung von Sachen und die Leitung von Produktionsprozessen." (1)

Die Verwaltung findet in verschiedensten lokalen und regionalen Gremien statt, nationale Grenzen gibt es mit der Zerschlagung der bürgerlichen Herrschaft, wenn jene weltweit erfolgt, nicht mehr. Die Gremien werden im

Rotationsprinzip mit Leuten besetzt, die an der Mitarbeit interessiert sind. Je nach Gremium werden diese nach dem Zufallsprinzip oder nach fachlicher Eignung in die Mitbestimmungsgremien kooptiert. Wichtige Entscheidungen sind zu diskutieren und, falls man sich nicht einigen kann, einem Abstimmungsverfahren zu unterziehen.

Durch die Aufhebung des Privateigentums und des Eigentums als Rechtskategorie sowie der ökonomischen Gegensätze entfallen in dieser Gesellschaft das darauf bezogene Rechtssystem und dessen gewaltsame Durchsetzung. Allerdings gibt es in dieser Gesellschaft gewisse Regeln des Zusammenlebens. Wie sehr diese gesellschaftlichen Beschlüsse und die Regeln des Zusammenlebens in einer BVW von allen akzeptiert und mitgetragen werden, weiß man nicht, jedoch ist davon auszugehen, dass der Großteil der Mitglieder dieser Gesellschaft damit einverstanden ist, denen resolut Einhalt zu gebieten, die das Zusammenleben boykottieren, sabotieren und durch Argumente nicht mehr überzeugt werden können.

9.2 Kritische Einwände zum Modell der BVW

Zum im Buch „Die bedürfnisorientierte Versorgungswirtschaft" vorgestellten Modell gab es die unterschiedlichsten Kommentare. Im Folgenden wird nur auf die wichtigsten kritischen Einwände eingegangen.

9.2.1 Betreff: Reglementierung von Arbeit und Verteilung

Eine essentielle Kritik lautete folgendermaßen:

> „Der Autor dieses Modells will vor dem bürgerlichen Urteil, das seine schlechte Meinung von der Menschennatur hat, nicht als Träumer dastehen und Antwort geben können auf die Frage, wie man denn Produktion und Verteilung ohne Geld organisieren könnte, ohne dass dabei der nötige Zwang zur Arbeit zu kurz kommt. Das Bild der gerechten Zumessung von Leistung und Belohnung unterstellt eine Obrigkeit, die diesen entscheidenden Akt nach den Verfassungsgrundsätzen der BVW vornimmt – das erinnert an die demokratische Durchsetzung bürgerlicher Herrschaft. Es wird Sache derer sein, die sich in ihrer Kritik am Kapitalismus einig sind, ihre Bedürfnisse untereinander auszustreiten und herauszufinden, wie man die dafür nötige Arbeit am besten macht. Wenn sie es dann überhaupt mit Zeitgenossen zu tun bekommen, die nicht arbeiten wollen (oder nicht so viel, wie allgemein nötig gefunden), dann wird geprüft, ob sie die Mithilfe der Unwilligen überhaupt brauchen; und wenn ja, dann werden sie mit diesen in einen Streit um die Ableistung ihres Beitrags eintreten. Das ist weit entfernt von Belohnungs- und Strafsystemen."

Mit anderen Worten: Die BVW installiere wieder den Zwang zur Arbeit und damit auch eine Obrigkeit, die mit einem umfangreichen Vorschriftenwesen darauf achte, dass alles nach gerechten und rechtsgemäßen Maßstäben vor sich geht. Stattdessen sei es notwendig, sich über die Bedürfnisse und die zu ihrer Befriedigung benötigte Arbeit einig zu werden, was gegebenenfalls einen „Streit" mit denjenigen einschließe, die nicht bereit sind, ihren Beitrag zu leisten. Dies erspare den Mitgliedern dieser Gesellschaft das „Belohnungs- und Strafsystem" einer BVW.

Diese Kritik geht davon aus, dass von den Mitgliedern der neuen Gesellschaft viel über die abzudeckenden Bedürfnisse und mit ein paar Arbeitsmuffeln über die zu leistende Arbeit gestritten wird, die Verteilung der produzierten Güter allerdings keiner Reglementierung bedarf. Die BVW geht jedoch von einem Zusammenhang zwischen individueller Arbeitsleistung und Verteilung aus, da auch in einer dem Kapitalismus folgenden arbeitsteiligen Ökonomie die mensch-liche Arbeitskraft eine bedeutende Rolle spielt, es unterschiedlichste Arbeiten gibt und deshalb die individuelle Arbeitsleistung auch in einem Verhältnis zu den zu den zu verteilenden Güter und Leistungen stehen sollte. Marx wies auf den Zusammenhang zwischen individueller Arbeitsleistung und individuellem Konsum in einer nichtkapitalistischen Gesellschaft folgendermaßen hin:

> „Stellen wir uns endlich, zur Abwechslung, einen Verein freier Menschen vor, die mit gemeinschaftlichen Produktionsmitteln arbeiten und ihre vielen individuellen Arbeits-kräfte selbstbewusst als eine gesellschaftliche Arbeitskraft verausgaben. […] Das Gesamtprodukt des Vereins ist ein gesellschaftliches Produkt. Ein Teil dieses Produkts dient wieder als Produktionsmittel. Er bleibt gesellschaftlich. Aber ein andrer Teil wird als Lebensmittel von den Vereinsgliedern verzehrt. Er muss daher unter sie verteilt wer-den. Die Art der Verteilung wird wechseln mit der besonderen Art des gesellschaftlichen Produktionsorganismus selbst und der entsprechenden geschichtlichen Entwicklungs-höhe der Produzenten. Nur zur Parallele mit der Warenproduktion setzen wir voraus, der Anteil jedes Produzenten an den Lebensmitteln sei bestimmt durch seine Arbeits-zeit. Die Arbeitszeit würde also eine doppelte Rolle spielen. Ihre gesellschaftliche plan-mäßige Verteilung regelt die richtige Proportion der verschiedenen Arbeitsfunktionen zu den verschiedenen Bedürfnissen. Andrerseits dient die Arbeitszeit zugleich als Maß des individuellen Anteils der Produzenten an der Gemeinarbeit und daher auch an dem individuell verzehrbaren Teil des Gesamtprodukts. Die gesellschaftlichen Beziehungen der Menschen zu ihren Arbeiten und ihren Arbeitsprodukten bleiben hier durchsichtig einfach in der Produktion sowohl als in der Distribution." (2)

Wie bei Marx ist auch in einer BVW die individuell geleistete Arbeitszeit maß-gebend für die Zuteilung. Wobei in einer BVW neben der Zeit auch noch die Qualität der Arbeit (z.B. die Belastung) miteinbezogen wird. Dies ist kein Lohn, wie einige Kritiker behaupteten. Mit dem Lohn wird die Ware Arbeitskraft mit einer Geldsumme bezahlt, die einen meist einen sehr beschränkten Zugriff auf den gesellschaftlichen Reichtum ermöglicht. Die Lohnhöhe obliegt vor allem der Kalkulation der „Arbeitgeber" und wird zwecks Verrechnung in Geld/Zeit beziffert. In einer BVW gibt es kein Geld, keinen Preis der Ware, keine Lohnarbeit und keinen Markt, also auch keinen Lohn, allenfalls Belohnungen für schwere, unangenehme, besonders gute und langandauernde Arbeiten. (Siehe Kapitel 9.1.4)

Dies kann, wenn man so will, auch als „Belohnungssystem" bezeichnet werden. Dieses zielt nicht auf die dumme Vorstellung des von Natur aus faulen Menschen ab, sondern auf die unterschiedlichen Qualitäten und Quantitäten von Arbeiten, die bei der Verteilung berücksichtigt werden. Der Zwang zur Arbeit ist in einer BVW nicht gegeben, da auch die Arbeitsunwilligen eine gute Grundversorgung erhalten, die sich allerdings von der Allgemeinversorgung der Arbeitenden unterscheidet. Auf die Einhaltung der Reglements, die in einem breiten Diskussionsprozess entworfen werden, achtet eine Instanz, wenn man so will, eine „Obrigkeit". Es kommt bei Obrigkeiten immer darauf an, wie sie zustande kommen, wie sie sich durchsetzen und vor allem darauf, was sie entscheiden und kontrollieren. Wenn sich der Kritiker an den demokratischen Staat erinnert fühlt, so macht er das an dem formellen Charakter der Regeln der BVW fest und ignoriert, dass die BVW-Regeln und die Gesetze des bürgerlichen Staates unterschiedliche Inhalte und Zwecke haben.

In Anlehnung an die Bemerkungen von Marx in der „Kritik des Gothaer Programms" sei zur Unzufriedenheit mit dem „Belohnungs- und Strafsystem" noch erwähnt, dass mit der BVW noch nicht jene Stufe der Gesellschaft erreicht ist, in der die Devise lautet: „Jeder nach seinen Fähigkeiten, jedem nach seinen Bedürfnissen." Es ist eine Gesellschaft, in der es noch „Missstände" im Hinblick auf die „knechtende Unterordnung der Individuen unter die Teilung der Arbeit" gibt und die Erinnerungen an das kapitalistische Rechtssystem aufkommen lässt, obzwar sie damit nichts zu tun hat. Aber sie ist eine gute Grundlage, um zu einer „höheren Phase des Kommunismus" zu gelangen.

9.2.2 Betreff: Planwirtschaft

Einen weiteren Schwerpunkt bildet die Kritik an der in der BVW vorgestellten Planwirtschaft, also an der Planung der Produktion:

So wird darauf hingewiesen, dass „wirtschaftliche Abläufe aufgrund der Fülle von Daten und Imponderabilien nicht geplant werden können, wie auch das Versagen der Planwirtschaft des realen Sozialismus zeigt". Hier wird die Kritik der bürgerlichen Ökonomen und auch des ideologischen Mainstreams übernommen, die eine Marktwirtschaft für eine natürlich vorgegebene Ökonomie halten und im freien Markt die beste Möglichkeit sehen, mit dem Problem umzugehen. Diese Maßstäbe legen sie an alle Ökonomien an, die nichts mit der freien Marktwirtschaft zu tun haben. Tatsächlich liefe eine gesamtgesellschaftliche Planung einer Marktwirtschaft bzw. dem Kapitalismus mit seiner Wertproduktion, Konkurrenz und Spekulation zuwider. Der reale Sozialismus ist übrigens nicht an der Planung gescheitert, sondern an dem Korsett einer Warenwirtschaft, die dieser zugrunde gelegt wurde (siehe dazu Kapitel 6.1). Und weshalb sollten Rechenanlagen, die schon jetzt erhebliche Datenmengen verarbeiten können, an der Fülle der Daten scheitern – vor allem wenn die Unwägbarkeiten, die von der kapitalistischen Ökonomie und der staatlichen Politik geschaffen werden, dann entfallen?

Des Weiteren wird zu bedenken gegeben, dass das vorgeschlagene Modell „zentralistisch ausgelegt ist und leicht in einer Diktatur der Bürokratie münden kann". Sicher, alle Rechner wären miteinander vernetzt und alle Fäden würden in einer Zentrale zusammenlaufen. Das wäre jedoch eine bloße Rechenzentrale, die die in verschiedensten Gremien getroffenen Entscheidungen zusammenfasst. Wenn sich herausstellen sollte, dass Engpässe an Material, Maschinen, Arbeitskräften die Produktion gefährden oder verzögern, so wird das an die Gremien weitergeleitet, die die Planungsvorgaben verändern müssen. Diese Gremien sind auf breite Mitarbeit und Mitbestimmung hin konzipiert. Grundlegende Entscheidungen werden in den Gremien getroffen – die Rechenanlagen sind ein Hilfsmittel, Datengrundlagen für Entscheidungen bereitzustellen, die Umsetzung der Planvorgaben in die Wege zu leiten und die Produktion mit Informationen zu füttern. Letzteres ist schon heute bei so manchem Betrieb Usus und wird mit der Vernetzung der Produktionsbetriebe mit den Zulieferbetrieben noch weiter vorangetrieben.[70] In einer zentralen Planung für die Produktion sehen vor allem Vertreter der sogenannten „Peer-Ökonomie" eine Einschränkung der Selbstbestimmung des Individuums. Dabei verweisen sie, wie auch die anderen Kritiker einer geplanten Ökonomie, auf das „abschreckende Beispiel" der sowjetischen Wirtschaft, so als ob die dortige Politik und Ökonomie notwendige Resultate des Unterfangens, eine Produktion zu planen, gewesen wären. Das Individuum

---

70 In diesem Zusammenhang sei auch der Vorwurf erwähnt, das Modell der BVW orientiere sich viel zu sehr an der „fordistischen industriellen Produktion", wenn z. B. die Rede von großen, zentralisierten Fertigungsanlagen ist. Dieser Kritik ist insofern recht zu geben, da eine von kapitalistischen Zwängen befreite Produktion und einem hohen Maß an Automation Arbeitsteilung und Produktionsanlagen kaum mehr Ähnlichkeiten mit den gestrigen und heutigen Gegebenheiten haben werden.

„unterwirft sich der gesamtgesellschaftlichen Planung, mit der letztlich vorgegeben werde, welche Bedürfnisse abzudecken und welche Arbeiten zu vollziehen
sind". Der „Marktwirtschaft" und „Planwirtschaft" wird ein projektbezogenes
Arbeiten gegenübergestellt, das aus „Beiträgen" besteht: „Menschen tragen zu
einem Projekt bei, weil ihnen dessen Erfolg wichtig ist, nicht um damit Geld zu
verdienen oder um einen vorgegebenen Plan zu erfüllen." (3)

Die Peer-Ökonomie als Gegenentwurf zur Planwirtschaft, wie sie von *Christian Siefkes* und *Stefan Meretz* vertreten wird, kommt wie die BVW ohne Privateigentum, Lohnarbeit und Geld aus. Der Zusammenhang zwischen Arbeit und
Verteilung wird ebenfalls über die Arbeitszeit und ein nicht minder aufwendiges Bewertungssystem, das sich durch einen frei flottierenden „Arbeitsmarkt"
ergibt, definiert. Die Vertreter der Peer-Ökonomie beziehen sich vor allem deshalb kritisch auf die BVW, da sie Planvorgaben für die Produktion bzw. Arbeit
ablehnen. In der Peer-Ökonomie bestimmt ausschließlich das Individuum, in
welchen „Projekten" es sich in welcher Weise einbringen und wie viel Zeit es
dafür aufwenden will. Das klingt sehr sympathisch, es ist allerdings schwer nachvollziehbar, wie die gesamtgesellschaftliche kontinuierliche Versorgung in einer
arbeitsteiligen Ökonomie, wo ein Rädchen ins andere greift, so gelingen kann.
Denn die „Selbstorganisation" der Menschen in Projekten geht laut Peer-Ökonomie davon aus, dass sich die Menschen nur in den Projekten engagieren, deren
Produkte sie konsumieren oder deren Leistungen sie beanspruchen wollen. Das
ist in einer Subsistenzökonomie auf niedrigem Niveau denkbar, aber in einer
hochentwickelten arbeitsteiligen Ökonomie mit vielen unterschiedlichen Gütern
und Leistungen eine verwegene Vorstellung. Wenn jemand täglich hochwer-
tige Lebensmittel konsumieren, schöne Sachen zum Anziehen haben, die neu-
esten technischem Errungenschaften nützen will, gute ärztliche Betreuung etc.
braucht, dann sollte und müsste er sich an allen „Projekten" beteiligen, die seine
Bedürfnisse abdecken.[71] Während die BVW die individuelle Arbeit als Beitrag

---

[71] Befeuert wird dieses Modell der Subsistenzwirtschaft auch von Siefkes Vision, dass
in Zukunft durch Automatisierung und Robotisierung vieles von dem, was das Individuum braucht, selbst hergestellt oder von „Hausrobotern" erledigt wird. Es könnte
sein, dass durch eine weitere Automatisierung „in einer höheren Phase der kommunistischen Gesellschaft die knechtende Unterordnung der Individuen unter die Teilung
der Arbeit" (Marx) vielleicht nicht „verschwinden" wird, dass sich die Arbeitsteilung
jedoch in ganz anderer Weise als im Kapitalismus gestaltet und letztlich auch mit einer
Aufhebung des „Gegensatzes geistiger und körperlicher Arbeit" und von Arbeit und
bedürfnisorientierter Tätigkeit einhergeht. Aber auch dann würde es einer gesamtgesellschaftlichen Abstimmung bedürfen, wie die Ressourcen eingesetzt werden sollen.

sieht, der sich hauptsächlich an der Versorgung der Mitglieder der Gesellschaft zu orientieren hat, wird sie in der Peer-Ökonomie vor allem als selbstbestimmter Beitrag zur eigenen Versorgung gesehen. Während in einer BVW die individuellen Arbeiten nach Maßgabe eines gesellschaftlichen Gesamtkonzepts vollzogen werden, gibt es in der Peer-Ökonomie projektbezogene Konzepte, die sich zwar aufeinander beziehen können, jedoch voneinander unabhängig betrieben werden und von Einzelinitiativen abhängen. Die Vertreter der Peer-Ökonomie sehen nur so die Selbstbestimmung des Menschen gewürdigt.

Wie und ob diese beiden Standpunkte zu verknüpfen sind, könnte in zukünftige Überlegungen zu einer alternativen Gesellschaft einfließen.

Zitate

Abschnitt 1
Einführender Leitfaden

(1) Fresin, Alfred, Die bedürfnisorientierte Versorgungswirtschaft – eine Alternative zur Marktwirtschaft, Peter Lang Verlag, Frankfurt a. M. 2005 (siehe dazu auch Blogs im Internet)

Abschnitt 2
Die wesentlichen Merkmale des Kapitalismus

(1) Vgl. Marx, Karl, Das Kapital, erster Band, MEW 23, Dietz Verlag, Berlin 1974, S. 109 f. und Zur Kritik der politischen Ökonomie, MEW 13, Dietz Verlag, Berlin 1981, S. 66 ff.

Abschnitt 3
Die Prophezeiungen vom „notwendigen" Untergang des Kapitalismus

(1) Hegel, Georg Wilhelm Friedrich, Werke, neu edierte Ausgabe, Suhrkamp Verlag, Frankfurt a. M. 1986, Band 12, S. 20

(2) Ebenda, S. 22

(3) Ebenda, S. 32

(4) Ebenda, S. 539

(5) Marx, Karl, Deutsche Ideologie, zitiert nach Marx-Engels I, Fischer Verlag, Frankfurt a. M. 1980, S. 109

(6) Ebenda, S. 131

(7) Ebenda, S. 132

(8) Marx, Karl, Engels, Friedrich, Ausgewählte Werke, Verlag Progress, Moskau 1975, S. 45

(9) Engels, Friedrich: Die Entwicklung des Sozialismus von der Utopie zur Wissenschaft, Dietz Verlag, Berlin 1973, S. 59

(10) Ebenda, S. 73 f.

(11) Ebenda, S. 77 f.

(12) Ebenda, S. 90

(13) Ebenda, S. 93

(14) Ebenda, S. 92

(15) Ebenda, S. 92 f.

(16) Ebenda, S. 94

(17) Ebenda, S. 94

(18) www.marxists.org/deutsch/archiv/lenin/1917/imp, Vorwort

(19) Ebenda, Kapitel VII, S. 2

(20) Ebenda, Kapitel VIII, S. 2

(21) Ebenda, Kapitel X, S. 3

(22) Ebenda, Kapitel X, S. 4

(23) Ebenda, Kapitel X, S. 5

(24) Ebenda, Kapitel VIII, S. 8

(25) Schumpeter, Joseph A., Kapitalismus, Sozialismus und Demokratie, 8. Auflage, A. Francke Verlag, Tübingen 2005, S. 482

(26) Ebenda, S. 78

(27) Ebenda, S. 218

(28) Ebenda, S. 215

(29) Ebenda, S. 259

(30) Ebenda, S. 216

(31) Ebenda, S. 264

(32) Marx, Karl, Das Kapital, Dritter Band, Dietz Verlag, Berlin 1974, S. 233

(33) Ebenda, S. 274

(34) Ebenda, S. 277

(35) Ebenda, S. 501

(36) Artikel „Vor dem Epochenbruch" in der Zeitschrift Neues Deutschland vom 6.8.2013

(37) Harvey, David, Siebzehn Widersprüche und das Ende des Kapitalismus, Ullstein Buchverlage, Berlin 2015, S. 265 f.

(38) Ebenda, S. 285 f.

(39) Altvater, Elmar, Das Ende des Kapitalismus, wie wir ihn kennen, Westfälisches Dampfboot 2005, S. 108

(40) Marx, Karl, Das Elend der Philosophie, MEW 4, Dietz Verlag, Berlin 1959, S. 130

(41) Marx, Karl, Das Kapital, erster Band, MEW 23, Dietz Verlag, Berlin 1988, S. 485

(42) Rifkin, Jeremy, Die Null-Grenzkosten Gesellschaft, Fischer Taschenbuch, Frankfurt a. M. 2016, S. 15

(43) Mason, Paul, Postkapitalismus – Grundrisse einer kommenden Ökonomie, Suhrkamp Verlag, Berlin 2016, S. 230

(44) Ebenda, S. 228

Abschnitt 4

Vorschläge zur Umgestaltung des Kapitalismus

(1) Blaschke, Ronald, Grundeinkommen zwischen Mindest- und Lebensstandardsicherung, in Grundeinkommen – soziale Sicherheit ohne Arbeit, Deuticke im Paul Zsolnay Verlag, Wien 2007, S. 164

(2) Reitter, Karl, Die Bedeutung des bedingungslosen Grundeinkommens in einer möglichen Übergangsgesellschaft – den sich auf Marx berufenden KritikerInnen des Grundeinkommens gewidmet, in Aufhebung des Kapitalismus – die Ökonomie einer Übergangsgesellschaft, Argument Verlag 2015, S. 228

(3) Kurz, Robert, Das Weltkapital, Tiamat, Berlin 2005, S. 471 f., zitiert in Gorz, André, Seid realistisch – verlangt das Unmögliche, in Grundeinkommen – soziale Sicherheit ohne Arbeit, Deuticke im Paul Zsolnay Verlag, Wien 2007, S. 74 f.

(4) Ebenda, S. 70

(5) Felber, Christian, Gemeinwohlökonomie – das Wirtschaftsmodell der Zukunft, Deuticke im Paul Zsolnay Verlag, Wien 2010, S. 24

(6) Ebenda, S. 12 f.

(7) Ebenda, S. 12 f.

(8) Ebenda, S. 13

(9) Ebenda, S. 61

(10) Ebenda, S. 35 f.

(11) Ebenda, S. 45

(12) Ebenda, S. 61

(13) Felber, Christian, Geld – die neuen Spielregeln, Deuticke im Paul Zsolnay Verlag, Wien 2014, S. 118

(14) www.juraforum.de/lexikon

(15) Klein, Peter, Zeitschrift Streifzüge Nr. 62, Herbst 2014, S. 17

(16) Fleissner, Peter, Abecedarium, Edition k, Wien 2015, S. 352 f.

(17) Ebenda, S. 353

(18) Detje, Richard, Wirtschaftsdemokratie – ein neues Transformationspro-jekt, in Aufhebung des Kapitalismus – die Ökonomie einer Übergangsge-sellschaft, Argument Verlag 2015, S. 234

(19) Ebenda, S. 242 f.

(20) Ebenda, S. 243

(21) Programm der Partei „DIE LINKE", S. 4

(22) Ebenda, S. 30 f.

(23) Wagenknecht, Sarah, im Interview mit Albrecht Müller, www.nachdenk-seiten.de, 29.3.2016, S. 20

(24) Reitter, Karl, Zeitschrift Volksstimme, Nr. 4, April 2017, S. 49 (Zitate von Marx aus Lohn, Preis und Profit, MEW 16, S. 152 und Das Kapital, dritter Band, MEW 25, Dietz Verlag, Berlin 1981, S. 352)

(25) www.degrowth.info/de/was-ist-degrowth

(26) Ebenda

(27) www.nachhaltigkeit.info/artikel/degrowth_1849.htm

(28) Ebenda

(29) Latouche, Serge, Farewell to Growth, Polity Press, Cambridge UK 2009, S.89

(30) Ebenda, S.91

Abschnitt 5

Die Entwicklung von ökonomischen Alternativen innerhalb des Kapitalismus

(1) Kratzwald, Brigitte und Exner, Andreas, Solidarische Ökonomie & Com-mons, Mandelbaum Verlag, Wien 2012, S. 93

(2) Notz, Gisela, Theorien alternativen Wirtschaftens, Schmetterling Verlag, Stuttgart 2012, S. 51

(3) Kratzwald, Brigitte und Exner, Andreas, a. a. O, S. 103

(4) Zitiert in Heinesohn, Gunnar (Hrsg.), Das Kibbuz-Modell. Bestandsauf-nahme einer alternativen Wirtschafts- und Lebensform nach sieben Jahr-zehnten, Suhrkamp Verlag, Frankfurt a. M. 1982, S. 157

(5) Lindenau, Mathias, Requiem für einen Traum? Transformation und Zukunft der Kibbuzim in der israelischen Gesellschaft, LIT Verlag, Berlin 2007, S. 194 f.

(6) Kratzwald, Brigitte und Exner, Andreas, a. a. O., S. 39

(7) www.beigewum.at/wordpress/wp-content/.../002_autorenverzeichnis_editorial34.pdf, Kurswechsel 4/2004, S. 90

(8) Südwind Magazin 2009, Nr. 2

(9) Mittendrein, Lisa, Solidarität ist alles, was uns bleibt, AG SPAK Bücher, Neu-Ulm 2013, S. 186f.

(10) https://commons-institut.org/verein-association

(11) Kratzwald, Brigitte und Exner Andreas, a.a.O., S. 43

(12) Ostrom, Elinor, Understanding institutional diversity, Princeton, Oxford 2005, S. 53

(13) Ebenda, S. 293

(14) Wikipedia, Elinor Ostrom (siehe auch Kratzwald, Brigitte, Exner, Andreas, a. a. O., S. 28)

(15) Kratzwald, Brigitte, Exner, Andreas, a. a. O., S. 28

(16) www.gnu.org/philosophy/open-source-misses-the-point.de.htm, S.1 f

(17) www.streifzuege.org/2001/produktivkraftentwicklung-und-aufhebung, S. 9

Abschnitt 6

Alternativen zum Kapitalismus als Staatsprojekt

(1) Bucharin, N. I., Preobraschenski, E. A., Das ABC des Kommunismus, Wien 1920, Neuauflage Zürich 1985, S. 66

(2) Ebenda, S. 132 ff.

(3) Ebenda, S. 138

(4) Autorenkollektiv, Lehrbuch der politischen Ökonomie – Sozialismus, Berlin 1972, S. 259

(5) Ebenda, S. 284

(6) german.china.org.cn, Statut der Kommunistischen Partei Chinas (angenommen am 14.11.2012), S. 2

(7) Ebenda, S. 2

(8) Krüger, Stephan, Sozialistische Marktwirtschaft, in Aufhebung des Kapitalismus, a. a. O., S. 95

(9) Ebenda, S. 104

(10) Ebenda, S. 101

(11) Ebenda, S. 116

(12) Marx, Karl, MEW 25, Dietz Verlag 1974, Berlin, S. 501
(13) Krüger, Stephan a.a.O., S. 119

Abschnitt 8

Wie der Kapitalismus an sein Ende käme

(1) Marx, Karl, Engels, Friedrich, Ausgewählte Werke, a. a. O., S. 336 ff.
(2) Marx, Karl, Grundrisse der Kritik der politischen Ökonomie, MEW 42, Dietz Verlag, Berlin 1981, S. 551.

Abschnitt 9

Bemerkungen zum Entwurf einer alternativen, nichtkapitalistischen Ökonomie

(1) Engels, Friedrich, Die Entwicklung des Sozialismus von der Utopie zur Wissenschaft, a. a. O. S. 96 f.
(2) Marx, Karl, Das Kapital, erster Band, MEW 23, Dietz Verlag, Berlin 1988, S. 92 f.
(3) Siefkes, Christian, Beitragen statt tauschen, Version 1.01, AG SPAK Bücher, Neu-Ulm 2008, S. 10

www.ingramcontent.com/pod-product-compliance
Lightning Source LLC
Chambersburg PA
CBHW061254220326
41599CB00028B/5652